AI는 저렴하지 않다

편리함의 대가는
누가 치를까?

편리함의 대가는 누가 치를까?

발행일　　　2026년 1월 9일

지은이　　　박기묵, 최원철, 장윤우, 강석찬
펴낸이　　　손형국
펴낸곳　　　(주)북랩

출판등록　　2004. 12. 1(제2012-000051호)
주소　　　　서울특별시 금천구 가산디지털 1로 168, 우림라이온스밸리 B동 B111호, B113~115호
홈페이지　　www.book.co.kr
전화번호　　(02)2026-5777　　　　　　　　　　　팩스　　(02)3159-9637

ISBN　　　979-11-7598-014-3 03300 (종이책)　　　　979-11-7598-015-0 05300 (전자책)

작가 연락처 문의 ▸ ask.book.co.kr

전용 게시판에 문의를 남기시면 저자에게 직접 전달됩니다.

(주)북랩 성공출판의 파트너

북랩 홈페이지와 SNS에서 다양한 출판 솔루션을 만나 보세요!

홈페이지 book.co.kr　　•　**블로그** blog.naver.com/essaybook　　•　**출판문의** text@book.co.kr
카톡채널 북랩

제1회 기후보도상 수상
2025 기후에너지어워드 수상

AI는 저렴하지 않다

편리함의 대가는 누가 치를까?

박기묵, 최원철, 장윤우, 강석찬 지음

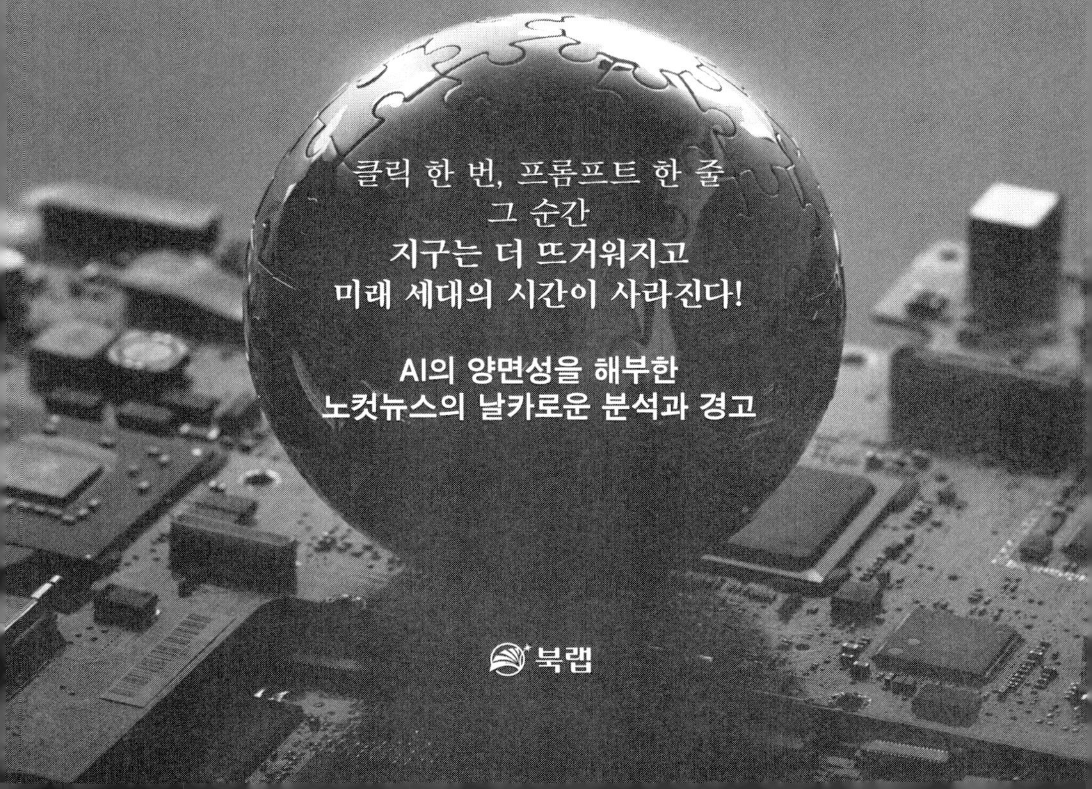

클릭 한 번, 프롬프트 한 줄
그 순간
지구는 더 뜨거워지고
미래 세대의 시간이 사라진다!

AI의 양면성을 해부한
노컷뉴스의 날카로운 분석과 경고

북랩

인류는 편리함이라는 이름으로 새로운 신(神)을 만들어 냈습니다. 바로 AI입니다. 인간의 언어를 이해하고, 그림을 그리고, 영상을 만듭니다. 이제 인간의 감정도 흉내 냅니다. 우리는 그 능력에 경탄합니다.

신이 주는 혜택은 무료가 아닙니다. AI에 질문 하나를 던지는 것은 일반 검색보다 최소 10배 이상의 전력을 씁니다. 2027년까지 AI 데이터센터들이 필요로 하는 전력은 대한민국 전체 연간 전력 소비량에 근접할 것이라는 충격적인 전망은 현실이 되고 있습니다.

2015년 프랑스 파리로 가 봅니다. 당시 전 세계가 서명한 역사적 약속이 있습니다. 지구 평균온도 상승을 1.5℃ 아래로 억제하겠다는 인류 공동의 목표. 지구촌은 희망으로 가득 찼습니다. 태양광 등 친환경 에너지는 성장했고, 우리는 기술 혁신으로 환경 문제를 극복할 수 있다는 낙관론이 생겼습니다. 지금은 어떨까요.

AI는 순식간에 국가 경쟁력과 안보의 핵심 동력이 됐습니다. 지구촌은 환경적 고려를 멈출 수 없는 무한 경쟁의 딜레마에 빠졌습니다. 경쟁자가 멈추지 않는 한, 아무도 먼저 AI 개발을 멈출 수 없습니다. AI가 더 똑똑해질수록, 지구는 조금씩 더 숨이 가빠집니다.

그냥 지켜봐야 할까요. 아닙니다. 우리가 나서서 뭔가를 바꿔야 합니다. 바꾸기 위해선 정확히 알아야 합니다. 중요한 만큼 더 확실하게 알아야 합니다.

지난 한 해 동안, 저희는 AI와 기후 환경에 대해 근본적인 질문을 하고 해답을 고민했습니다. 'AI 신'이 가진 근본적인 모순. 우리는 이를 정확하게 알리려고 합니다. AI와 기후 위기 속에 파괴와 구원의 갈림길에서 우리가 어디로 갈지 길을 안내해 보고자 합니다.

AI는 인간이 만든 거대한 거울입니다. 이 책은 그 마주침의 기록입니다. 그리고 앞으로 인류가 살아갈 지구에서 인간이 만든 기술이 인간 자신에게 던지는 질문입니다.

※ 이 책은 세명대학교 저널리즘 대학원의 「기후위기 팩트체킹 취재보도 지원 사업」 지원금으로 발간되었습니다.

0

클릭 한 번의 진실

아침에 눈을 뜨자마자 우리는 AI[1] 비서에게 오늘의 날씨를 묻습니다. 출근길에는 챗GPT[2]와 대화하며 업무 아이디어를 정리하고, 점심시간에는 AI로 생성한 콘텐츠를 소셜미디어(SNS)에 공유합니다. 불과 몇 년 전만 해도 SF[3] 영화에서나 볼 법했던 일들이 이제는 우리의 평범한 일상이 되었습니다.

특히 2022년 11월 오픈AI(OpenAI)가 출시한 챗GPT는 AI 시대의 본격적인 서막을 알렸습니다. 출시 5일 만에 100만 명, 두 달 만에 1억 명의 사용자를 확보하며 역사상 가장 빠른 성장을 기록했습니다. 가트너[4]의 2024년 보고서에 따르면, AI 챗봇[5]과 에이전트[6]의 확산으로 2026년까지 전통적인 웹 검색량의 약 25%가 감소할 것으로 전망됩

---

1) AI(Artificial Intelligence): 인간의 학습, 추론, 문제 해결 같은 지적 활동을 기계가 모방하거나 대체할 수 있도록 만든 기술.
2) 챗GPT(Chat Generative Pre-trAIned Transformer): 미국 오픈AI가 개발한 대화형 인공지능으로, 사람의 질문에 답하거나 글을 만들어 내며 자연스러운 대화를 나눌 수 있다.
3) SF(Science Fiction): 과학적 상상력을 바탕으로 미래, 우주, 기술, 인류의 변화를 다루는 문학 장르.
4) 가트너(Gartner): 전 세계 IT 시장 조사 및 컨설팅 업체. 기술 동향과 시장 전망을 분석하는 대표적인 리서치 기관.
5) 챗봇: 인공지능 기술을 활용해 사람과 대화하는 컴퓨터 프로그램. 질문에 답하거나 상담을 해 주는 기술
6) 에이전트: 인공지능이 사람 대신 특정 작업을 수행하는 프로그램이나 시스템으로, 예를 들어 일정 관리, 고객 상담, 자동 번역, 데이터 분석 같은 일을 맡아 처리한다.

니다. 이제 AI는 단순한 검색 도구를 넘어 창작, 분석, 의사 결정 등 인간 활동의 거의 모든 영역에 깊숙이 스며들고 있습니다.

그러나 이 놀라운 편리함 뒤에는 우리가 미처 인식하지 못한 거대한 비용이 숨어 있습니다. 국제에너지기구(IEA)의 2024년 보고서에 따르면, 챗GPT에 질문 하나를 입력하는 것이 구글 검색보다 10배에서 100배 더 많은 전력을 소모합니다. 더욱 충격적인 것은 이러한 에너지 소비의 증가 속도입니다.

전기전자공학자협회(IEEE)에서 발표된 에롤 게렌베(Erol Gelenbe)의 2022년 연구에 따르면 ICT[7] 부문이 전 세계 전력 소비량의 약 10%에 달하고 있으며, 최근 연구들은 온실가스 배출량의 1.4~3.9%를 차지한다고 보고했습니다. 유럽연합(EU) 집행위원회는 2018년 유럽연합 데이터센터[8]가 전체 지역 전력 수요의 2.7%를 차지했다고 밝혔으며, 별도의 조치가 없을 경우 2030년에는 3.2%에 달할 것으로 예상했습니다.

미국 에너지부의 2024년 보고서는 더욱 심각한 전망을 제시합니다. 미국 데이터센터의 전력 소비량은 2018년 전체 소비량의 1.9%에서 2023년 4.4%로 급증했으며, 2028년에는 6.7%에서 최대 12%에 이를 것으로 예측됩니다.

---

7) ICT(Information and Communications Technology): 컴퓨터와 통신 기술을 결합해 정보를 생산·저장·전송·활용하는 기술로, 인터넷, 스마트폰, 클라우드, 인공지능 등 현대 사회 전반에 쓰인다.
8) 데이터센터(Data Center): 인터넷 서비스가 원활히 작동하도록 수많은 서버와 저장 장치를 모아둔 시설로, 클라우드, 검색, 동영상, 인공지능 서비스의 기반이 된다.

『네이처(Nature)』 저널에 2024년 발표된 연구에서는 생성형 AI[9]의 전자폐기물[10] 문제도 지적합니다. 낙관적 시나리오에서도 2020년부터 2030년까지 누적 1610만 톤의 전자폐기물이 발생할 것으로 예상되며, 이는 2019년 전 세계 스크린 및 모니터 폐기물 총량과 비슷한 수준입니다.

왜?

우리가 온실가스 배출의 상당한 감축을 계속 지연시킨다면, 오늘날 살아 있는 젊은이들에게 최대 535조 달러의 청구서를 넘겨주게 될 위험이 있습니다. 이는 미 항공우주국(NASA) 고다드 우주연구소의 전 소장 제임스 한센(James Hansen)이 이끄는 국제 연구 팀이 『지구시스템역학(Earth System Dynamics)』에 발표한 충격적인 연구 결과입니다.

캐나다 맥길대학교(McGill University) 컴퓨터과학과의 데이비드 롤닉(David Rolnick) 조교수는 "AI는 도구일 뿐이며, 그 영향은 우리가 어떻게 사용하느냐에 달려 있다."라고 말합니다. 그의 지적처럼, AI는 환경을 파괴할 수도, 구할 수도 있는 양날의 검입니다.

---

9) 생성형 AI: 텍스트, 이미지, 음악 등 새로운 콘텐츠를 스스로 만들어 내는 인공지능. 대표적으로 Chat-GPT, 이미지 생성 AI가 있다.
10) 전자폐기물: 오래되거나 고장 난 전자제품에서 발생하는 폐기물로, 컴퓨터, 스마트폰, 가전제품 등이 포함되며, 환경오염과 자원 재활용 문제와 관련된다.

문제는 우리가 지금 이 도구를 어떻게 사용하고 있느냐 하는 것입니다.

유엔(UN)이 1987년 브룬틀란트 보고서에서 정의한 지속 가능한 발전은 "미래 세대가 그들의 필요를 충족시킬 능력을 손상시키지 않으면서 현재의 필요를 충족시키는 발전"입니다.

그러나 현재 AI의 폭발적 성장은 이 원칙을 정면으로 위배하고 있습니다. 골드만삭스[11]는 미국 데이터센터가 2030년까지 전체 전력의 8%를 사용할 것으로 예측하며, 이는 "한 세대 동안 보지 못했던 전력 수요 급증"이라고 경고했습니다.

더욱 심각한 것은 '탄소 부채'[12]의 누적입니다. 영국 옥스퍼드대학의 짐 홀(Jim Hall) 교수는 "우리가 지구 온도 상승을 안정화시키고 위험한 기후 변화를 피하려면, 내 자녀들의 생애 중 어느 시점에는 배출되는 것보다 더 많은 이산화탄소(CO_2)를 대기에서 제거해야 할 것"이라고 경고합니다. 이는 미래 세대에게 엄청난 재정적 부담을 전가하는 것입니다.

미국 컬럼비아대학의 클리포드 스타인(Clifford Stein) 교수는 "생성형 AI가 할 수 있는 일은 엄청나지만, 실제 제약은 막대한 에너지와 컴퓨팅 자원"이라고 지적하며, 앞으로는 그 사용이 사회적으로 가치 있는지에 대한 평가가 필요하다고 강조했습니다.

---

11) 골드만삭스(Goldman sachs): 미국의 글로벌 투자은행으로, 금융 자문, 투자, 자산 관리 등 다양한 금융 서비스를 제공하며 세계 금융 시장에서 중요한 역할을 한다.
12) 탄소부채(Carbon Debt): 기업이나 사회가 지금까지 배출해온 온실가스가 미래 세대에 부담으로 남는 것을 빗대어 표현한 개념으로, 기후 변화 대응 비용과 직결된다.

미국 매사추세츠대 앰허스트 연구 팀(UMass Amherst)은 특정 자연어 처리 모델을 훈련하는 과정에서 최대 약 62만 6000파운드의 이산화탄소 배출이 발생할 수 있다고 보고했습니다. 이는 뉴욕-샌프란시스코 왕복 비행 약 300회, 평균 자동차 평생 배출량의 약 5배에 해당하는 규모입니다. 다만 이는 당시 특정 실험 조건에서 산출된 상한치라는 점을 감안해야 합니다.

"보이지 않는 비용의 가시화"가 시급합니다. AI 시스템의 복잡성으로 인해 사용자들은 자신의 환경 발자국을 완전히 인식하기 어렵습니다. AI 모델을 훈련시키기 위한 은밀한 방법과 숨겨진 데이터는 탄소 발자국이나 잠재적 환경 영향의 정확한 평가를 방해합니다.

구글의 전 윤리적 AI 팀에서 일했던 알렉스 한나(Alex Hanna)는 "AI를 중심으로 한 실존적 위험에 대해 이야기하는 사람들이 많지만, 진짜 실존적 위기는 지금 우리가 직면한 기후 변화이며, AI는 명백히 이를 악화시키고 있다."라고 경고합니다.

특히 우려스러운 것은 '예측적 지연'[13] 현상입니다. 미래학자 알렉스 스테펜(Alex Steffen)이 지적한 이 개념은 기업과 정부가 기술적 해결책이 나타날 것이라는 막연한 기대로 실질적인 행동을 미루는 것을 의미합니다. AI가 미래에 기후 문제를 해결해 줄 것이라는 희망으로 현재의 무절제한 사용을 정당화하는 것은 위험한 도박입니다.

현재 전 세계적으로 약 7억 1000만 명의 어린이가 기후 위기의 영

---

13) 예측적 지연(Predatory Delay): 기업이나 단체가 이익을 더 오래 유지하기 위해 기후 대응이나 친환경 기술 도입을 고의로 늦추는 전략을 뜻한다.

향을 받을 위험이 가장 높은 국가에 살고 있습니다. 그러나 모든 어린이는 이전보다 더 빈번한 극단적 기상 현상이 발생하는 지구를 물려받게 될 것입니다. 미국 펜실베이아대학의 캐리 코글리아네스 교수 역시 이 정의를 인용하며, 정책과 규제 연구에서 지속 가능성의 중요성을 강조하고 있습니다.

유엔환경계획(UNEP)의 골레스탄 래드완 최고 디지털 책임자는 "AI의 환경적 영향에 대해 우리가 알지 못하는 것이 여전히 많지만, 우리가 가진 일부 데이터는 우려스럽다."라며 "기술을 대규모로 배포하기 전에 AI가 지구에 미치는 순효과가 긍정적인지 확인해야 한다."라고 강조합니다.

2024년, 우리는 지구 온난화 한계인 1.5℃를 지나쳤고, 여러 생명 유지 시스템의 경계 또한 뛰어넘었습니다. 파괴적인 폭염, 폭풍, 화재, 홍수는 인간을 넘어 지구 모든 생명에 영향을 끼칩니다.

이제 우리는 선택의 기로에 서 있습니다. 미국 매사추세츠공과대학교(MIT) 슬론 경영 리뷰는 "우리가 AI를 활용해 어려운 문제를 해결하는 동안, 숨겨진 환경 비용과도 씨름해야 하며, 잠재력을 활용하면서도 기후 영향을 완화할 수 있는 해결책을 고려해야 한다."라고 지적합니다.

매일의 클릭, 매번의 프롬프트[14], 모든 AI 생성 이미지가 우리 아이들에게 물려줄 지구의 미래를 결정짓고 있습니다. 편리함의 대가를 치르는 것은 우리가 아니라 다음 세대입니다. 지금 이 순간, 우리가

---

14) 프롬프트(Prompt): 인공지능에게 원하는 작업을 지시하거나 질문을 입력하는 문장이나 명령어. 예를 들어 "강아지 사진을 그려 줘." 같은 요청이 프롬프트다.

이 문제를 직시하고 행동하지 않는다면, 역사는 우리를 미래 세대의 생존권을 팔아 일시적 편의를 빌려 쓴 세대로 기억할 것입니다.

　이 책은 바로 그 '클릭 한 번'에 숨겨진 진실을 밝히고자 하는 것입니다. 우리가 매일 무심코 사용하는 AI 서비스가 실제로 어떤 환경적 대가를 치르고 있는지, 그리고 이 문제를 어떻게 해결할 수 있는지를 탐구합니다. 편리함에 중독된 우리 사회가 직면한 기후 위기의 가속화, 그 불편한 진실과 마주할 시간입니다.

1

숨겨진 괴물의 실체

챗GPT가 세상에 나온 뒤 인공지능 기술 경쟁이 치열해지면서, 우리가 미처 알아차리지 못한 사이에 거대한 전력 괴물이 태어났습니다. 바로 AI 데이터센터입니다. 이들이 먹어 치우는 전력량은 우리 상상을 훨씬 뛰어넘고 있습니다.

지금 여러분이 쓰고 있는 스마트폰, 노트북, 온라인 서비스들 뒤에는 거대한 데이터센터들이 24시간 쉬지 않고 돌아가고 있습니다. 이들은 현대 디지털 문명의 숨은 심장 같은 존재지만, 정작 일반인들은 그 실체와 규모를 거의 모르고 있습니다.

예전에는 데이터센터라고 하면 그냥 서버 몇 대 모아 놓은 시설 정도로 생각했습니다. 하지만 AI 시대가 본격적으로 시작되면서 데이터센터는 이제 거대한 전력 인프라이자 환경에 큰 영향을 미치는 핵심 시설이 되었습니다.

에너지경제연구원의 이유수 박사가 데이터센터 규모에 대해 설명한 내용을 보면 실감이 납니다.

"데이터센터 1개 평균 연간 전력 사용량이 약 25GWh[15] 정도라고 얘기를 합니다. 4인 가구로 치면 한 6000세대 정도에 해당하죠."

규모별로 본 데이터센터의 전력 소비

데이터센터의 전력 소비를 제대로 이해하려면 규모별로 나누어 살펴봐야 합니다. 서버 대수나 운영 목적에 따라 소형, 중형, 대형으로 나뉘는데, 각각이 쓰는 전력량 차이가 엄청납니다.

소형 데이터센터는 주로 기업이나 대학 같은 개별 기관이 자체적으로 운영하는 형태입니다. 보통 서버 2000대 이하를 두고, 해당 조직의 내부 업무나 서비스를 위해 돌립니다.

데이터센터 서버가 작동하고 있다. [네이버 제공]

---

15) 기가와트시(GWh): 10억 와트시를 뜻하는 전력량 단위. 일반 가정이 1년간 쓰는 전력량이 약 4000~5000kWh(킬로와트시)이므로, 1GWh는 200~250가구가 1년간 쓸 수 있는 전력량이다.

소형 데이터센터가 쓰는 전력은 큰 사무용 빌딩 정도인 1~5MW[16] 수준입니다. 상대적으로 적어 보이지만, 전국에 이런 소형 데이터센터가 워낙 많다 보니 전체 전력 소비에는 상당한 몫을 차지하는 상황입니다.

문제는 AI 서비스가 본격화되면서 기존 소형 데이터센터로는 처리 능력이 부족해졌다는 점입니다. 생성형 AI나 머신러닝[17] 작업을 돌리려면 훨씬 더 많은 연산 능력과 전력이 필요하기 때문입니다.

중규모 데이터센터는 클라우드 서비스[18] 업체나 중견 기업들이 주로 쓰는 형태로, 소형보다 수십 배는 큽니다. 여러 고객사 데이터를 처리하거나 대규모 웹 서비스를 돌리기 위해 만들어집니다.

초대형 데이터센터를 시각화한 이미지. [AI 생성]

---

16) MW(메가와트): 100만 와트를 뜻하는 전력 단위. 1MW는 약 800에서 1000가구가 동시에 쓸 수 있는 전력량이다.

17) 머신러닝(Machine Learning): 컴퓨터가 데이터를 통해 스스로 학습하고, 이를 바탕으로 미래를 예측하거나 의사 결정을 내리는 기술을 의미한다.

18) 클라우드 서비스(Cloud Services): 인터넷을 통해 서버와 저장 공간, 소프트웨어 등을 빌려 쓰는 서비스로, 별도 설치 없이 언제 어디서나 데이터를 저장하고 프로그램을 이용할 수 있다.

중규모 데이터센터는 평균 50~70MW 정도의 전력을 사용합니다. 이는 인구 10만 명 정도 되는 중소 도시 일부 지역 전체가 쓰는 전력량과 비슷합니다.

AI 서비스가 확산되면서 이 규모의 데이터센터들도 점점 더 고성능 서버와 더 많은 전력을 필요로 하게 되었습니다. 실시간 데이터 처리나 복잡한 AI 알고리즘을 돌리려면 기존보다 훨씬 강력한 컴퓨팅 파워가 있어야 하기 때문입니다.

초대형 데이터센터는 아마존(Amazon), 구글(Google), 메타(Meta) 같은 글로벌 빅테크 기업들이 운영하는 시설들입니다. 서버 규모가 수십만 대에서 최대 수백만 대에 이르는 거대한 시설로, 전 세계 수십억 명 사용자에게 서비스를 제공합니다.

초대형 데이터센터는 100MW 이상의 전력을 사용합니다. 하지만 최근 AI 기술 발달로 일부 신규 데이터센터는 이보다 훨씬 더 큰 규모로 운영되고 있습니다. AI 모델 훈련과 추론 과정에서 기존보다 훨씬 많은 연산 능력이 필요하기 때문입니다.

상상을 초월하는 규모의 등장

국제에너지기구 자료를 보면 기존에 5~10MW 정도만 필요했던 데이터센터 시대는 지나갔습니다. 최근에는 100MW 이상 전력이 필요한 하이퍼스케일 데이터센터가 당연한 것처럼 여겨지고 있습니다.

구체적인 예를 들어보면, 마이크로소프트(MS)가 미국 아이오와주에서 운영하는 데이터센터는 약 300MW 규모입니다. 이는 인구 30만 명 규모 중견 도시 전체가 쓰는 전력량과 같습니다. 전 세계를 보면 최대 500MW 이상인 초대형 시설도 나타나고 있는데, 이는 중형 원자력 발전소 하나가 만드는 전력의 절반에 해당하는 수준입니다.

AI 데이터센터가 특히 주목받는 이유는 전력 소비 증가 속도가 너무 빠르기 때문입니다. 슈나이더일렉트릭의 「AI 혁신: 데이터센터 설계에 대한 과제와 지침」자료에 따르면, 올해부터 2028년까지 전 세계 데이터센터 전력 수요는 연평균 11% 늘어날 예정입니다. 그런데 AI 서버를 쓰는 데이터센터는 연평균 26~36%씩 급증할 것으로 예측됩니다.

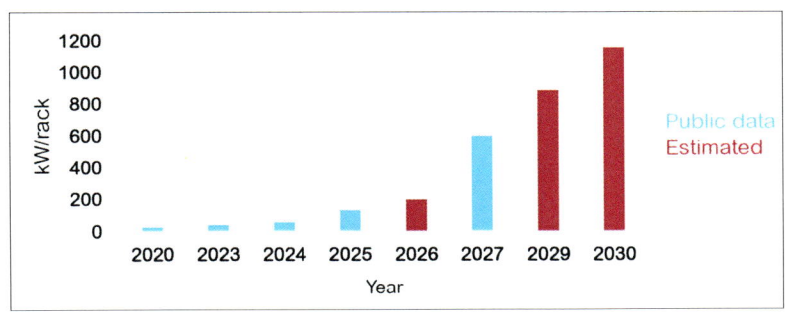

데이터센터 전력 사용량 추이 예측.
[「AI 혁신 데이터센터 설계에 대한 과제와 지침」 자료]

김창익 카이스트 전기전자공학부 교수는 이 상황을 명확하게 짚었습니다. 단기적으로 전력 소모가 급상승할 것은 이론의 여지가 없다는 것입니다.

김창익 교수는 AI 모델의 파라미터[19] 수 급증을 예로 들어 설명했습니다.

"과거에는 수백만 개 수준이었는데, 챗GPT-3 같은 거대 언어 모델이 나오면서 파라미터 수가 1750억 개로 늘어났습니다. 중국의 어떤 모델은 1조 개가 넘는 것도 있다고 합니다."

데이터센터 내부의 전력 사용 구조

데이터센터의 전력 소비를 이해하려면 내부 구조를 들여다봐야 합니다. 데이터센터에서 쓰는 전력은 크게 두 가지로 나뉘게 됩니다. AI 서버를 돌리기 위한 직접 수요와 그 외 간접 수요가 그것입니다.

과거 데이터센터에서는 전체 전력의 40% 정도만 실제 연산에 쓰였고, 나머지 40%는 냉각에 사용되었습니다. 나머지는 전력 공급 시설이나 기타 설비가 차지했습니다.

이를 측정하는 지표가 PUE[20]입니다. 이는 전체 데이터센터가 쓰는 전력량과 실제 연산에 쓰이는 전력량의 비율을 나타냅니다. 1.2

---

19) 파라미터(Parameter): AI 모델이 학습 과정에서 조정하는 변수들. 파라미터 수가 많을수록 더 복잡하고 정교한 작업이 가능하지만, 그만큼 더 많은 전력이 필요하다.
20) PUE(Power Usage Effectiveness): 전력사용효율지수. 데이터센터 전체가 쓰는 전력을 실제 장비가 쓰는 전력으로 나눈 값. 1에 가까울수록 효율이 좋다는 뜻이다.

정도면 굉장히 효율적이라고 봅니다. 현재 우리나라는 1.6보다 조금 더 높은 수준을 유지하고 있습니다. 구글에서 발표한 자료를 보면 거의 1.1 이하로 PUE를 낮췄다고 합니다.

국내 데이터센터의 전력 소비 규모는 이미 상당한 수준에 와 있습니다. 2024년 기준으로 국내 데이터센터는 총 150개가 있고, 용량은 1986MW 수준이었습니다. 이는 보통 1000MW급 원전 2기가 만드는 전력량입니다.

지역	합계	수도권				부산 울산 경남	대전 충청	광주 호남	대구 경북	강원
		경기	서울	인천	소계					
개수	732	413	65	123	601	76	22	10	10	13
비중	100%	56.4%	8.9%	16.8%	82.1%	10.4%	3.0%	1.4%	1.4%	1.8%
전력(MW)	49,397	28,733	4,335	6,734	39,802	4,638	1,936	1,287	614	1,120
비중	100%	58.2%	8.8%	13.6%	80.6%	9.4%	3.9%	2.6%	1.2%	2.3%

[산업통상자원부 제공]

더 놀라운 건 앞으로의 계획입니다. 국회입법조사처 자료에 따르면 2029년까지 신규 데이터센터 수요는 732개나 됩니다. 필요한 전력 용량은 4만 9397MW에 달합니다. 송전 과정에서 생기는 전력 손실 7%를 감안하면 1000MW급 원전 53기에 해당하는 추가 전력 생산이 필요한 상황입니다.

가장 충격적인 사실은 데이터센터 한 곳이 웬만한 중소 도시 전체보다 많은 전력을 쓴다는 점입니다. 실제 국내 사례를 보면, 한 대형 포털 운영사가 2023년 11월부터 돌리기 시작한 데이터센터는 최대 270MW의 전력을 공급받고 있습니다.

데이터센터는 보통 공급받는 최대 전력량의 60~70%를 늘 쓰는 것으로 알려져 있습니다. 보수적으로 60%만 계산해도 이 데이터센터는 매시간 약 162MW의 전력을 쓰게 됩니다. 한 달로 누적하면 약 116.64GWh라는 막대한 양입니다.

이 수치를 실제 도시와 비교해 보면 그 규모가 실감됩니다. 정부 전력데이터 개방 포털시스템에 따르면, 경기도 고양시 전체 주택의 월간 전력 사용량은 지난 5월 기준 118.74GWh였습니다. 즉, 데이터센터 한 곳이 인구 약 106만 명이 사는 고양시 전체 가정이 쓰는 전력량과 거의 비슷한 수준을 소비하고 있는 것입니다.

더 걱정되는 점은 이런 데이터센터 규모가 계속 커지고 있다는 것입니다. 전라남도가 지금 추진하고 있는 3GW급 초대형 AI 데이터센터의 경우, 전력 소비량이 서울시 전체 주택용 전력 소비량과 맞먹을 것으로 예상됩니다.

데이터센터의 전력 폭증, 전 세계적 현상

이런 현상은 우리나라만의 일이 아닙니다. 2024년 전 세계 데이터센터의 전력 소비는 약 415TWh로, 전체 전력 소비의 1.5% 수준이었습니다. 하지만 인공지능 연산 증가와 클라우드 확장 때문에 이 수치는 2030년까지 약 945TWh로 2배 이상 급증할 전망입니다.

이는 국가 단위 전력 소비와 비교해도 놀라운 수준입니다. 전 세계 데이터센터의 총 전력 소비량이 독일이나 프랑스 같은 주요 국가의 연간 전력 소비량과 맞먹는다는 건 단순한 수치가 아닙니다. 새로운 글로벌 전력 패러다임이 나타났다는 의미입니다.

미국 에너지부 산하 로렌스 델프트 국립연구소 보고서에 따르면 2028년까지 미국 데이터센터의 연간 전력 소모량은 74~132GW에 달해, 미국 전체 전력 소비량의 6.7~12%까지 차지할 것으로 전망되고 있습니다.

특히 주목할 점은 지역별 집중 현상입니다. 현재 미국 내 데이터센터 전력 소비의 80%가 15개 주에 몰려 있습니다. 특히 미국 버지니아주의 경우 데이터센터가 주 전체 전력 소비의 25%를 차지하고 있습니다. 이는 2030년까지 50%까지 늘어날 가능성이 있어, 전력망 부담이 극도로 심해질 전망입니다.

데이터센터 천국의 그림자

한나 데일리 코크대학교 교수. [노컷뉴스 제공]

아일랜드는 이미 이런 현실에 직면해 있습니다. 아일랜드 코크대학교의 한나 데일리(Hannah Daly) 교수는 아일랜드에서 전체 전력의 5분의 1 이상이 데이터센터에서 소비되고 있다고 밝혔습니다. 2015년 이후 아일랜드 전력 수요가 25% 늘었는데, 이 모든 증가가 데이터센터 때문이라는 것입니다.

데일리 교수에 따르면 2015년 아일랜드 정부 정책이 의식적으로 데이터센터를 기업 전략의 일부로 유치하는 것이었다고 합니다.

아일랜드는 낮은 법인세로 유명한 나라입니다. 현재 82곳의 데이터센터가 돌아가고 있고, 14개가 건설 중이며 40개가 추가 승인된 상태입니다. 더블린 지역에만 60여 개의 데이터센터가 몰려 있습니다. 구글, 아마존, 메타 등 글로벌 빅테크 기업들이 모두 이곳에서 데이터센터를 운영하고 있습니다.

아일랜드 국영 전력 송전망 운영사 얼그리드(EirGrid)에 따르면 2022년 기준 아일랜드 전체 발전량의 약 18%가 데이터센터에 쓰이고 있습니다. 2028년에는 데이터센터가 소비하는 전력량이 국가 전체 전력 생산량의 30% 수준까지 늘어날 것으로 전망됩니다.

결과는 예상을 뛰어넘는 부작용을 가져왔습니다. 데일리 교수의 경고는 충격적입니다.

"더블린 지역의 일부 새로운 주택 개발이 건설될 수 없는 상황이 발생했습니다. 전력망이 가정의 추가 수요를 감당할 수 없기 때문입니다. 아일랜드의 가장 큰 사회적 문제는 현재 주택 부족입니다."

아일랜드 거리 모습. [노컷뉴스 제공]

데일리 교수는 데이터센터가 전력망보다 훨씬 빠르게 늘어나면서 주택 공급 능력이 제한되고 있다고 구체적으로 설명했습니다.

이런 상황에서 아일랜드 당국은 지난 2023년 겨울철 일시적으로 전력 공급을 중단하는 긴급 프로그램을 도입하기도 했습니다. 결국 아일랜드는 2028년까지 더블린 지역의 신규 데이터센터 전력망 연결 발급을 중단했습니다. 이 때문에 지난해 벤티지(Vantage), 엣지커넥트X(EdgeConnectX), 에퀴닉스(Equinix) 등 데이터센터 회사들의 신규 구축 허가가 거부되었습니다.

2024년 8월에는 구글이 아일랜드 더블린 외곽에 계획했던 약 2만 1000평 규모의 데이터센터 건설 허가가 사우스 더블린 카운티 의회에 의해 거부되었습니다. 의회는 결정문에서 구글이 2027년에 해당 데이터센터를 운영할 경우 전력 공급에 미칠 영향에 대한 세부 정보를 제공하지 않았다며 승인을 거부했습니다.

아일랜드 전력 규제 당국은 데이터센터 사업자를 대상으로 한 새 규정을 권고했습니다. 이에 따르면 아일랜드에서 데이터센터를 운영하는 기업은 예상 전력 수요에 맞는 발전 또는 저장 시설을 갖춰야 합니다.

아일랜드 전력규제위원회가 2021년 발표한 규제 방안을 보면 더욱 구체적입니다.

첫째, 전력 시스템 제약 지역 내 데이터센터 설립을 제한합니다.

둘째, 데이터센터는 수요에 맞춰 자체 발전 또는 저장이 가능해야 합니다.

셋째, 전력 시스템 운영자 요청에 따라 데이터센터는 유연하게 수요를 조정해야 합니다.

전 지구적 전력 수요 폭증

국제에너지기구가 지난 4월 발표한 「2024년 전력 현황: 2026년까지의 분석과 전망(Electricity 2024: Analysis and forecast to 2026)」 보고서를 보면 상황의 심각성이 더욱 명확해집니다. 전 세계 데이터센터의 전력 소비량은 2022년 약 460TWh에서 2026년 1000TWh로 2배 이상 급증할 것으로 전망되었습니다.

케스 퓌크(Kees Vuik) 네덜란드 델프트공과대학교 교수는 AI 기술 발전 속도에 대해 경고했습니다. 매우 기하급수적으로 발전하고 있으며, 6개월마다 일정한 비율로 증가하고 있다는 것입니다.

퓌크 교수는 AI의 수학 문제 해결 능력 변화를 구체적 예시로 들었습니다.

"연초에는 학사 수준, 학사 학생이 좋은 성적으로 시험을 통과할 수준이었습니다. 그런데 6개월 만에 이미 석사 수준에 도달했습니다. 아마 6개월 후에는 박사 수준에, 또 6개월 후에는 연구자 수준에 도달할 것입니다. 정말 빠르게 발전하고 있습니다."

AI 시대의 핵심 하드웨어인 GPU[21]의 전력 소비는 급격히 늘고 있습니다. 엔비디아(NVIDIA) GPU 진화 과정을 보면 그 심각성이 더욱 명확해집니다.

2020년 출시된 A100 칩셋[22]이 400W를 썼다면, 2022년 H100 칩셋은 700W로 75% 늘었습니다. 2024년 최신 블랙웰(Blackwell) B200은 풀 스펙 기준 1200W에 달해 A100보다 3배가 늘었습니다. 단일 GPU가 가정용 전자레인지 12개를 동시에 돌리는 것과 같은 전력을 쓴다는 뜻입니다.

조성배 연세대학교 컴퓨터과학과 교수는 H100 기반 서버 증가에 대해 전망하면서 우려를 나타냈습니다.

"엔비디아에서 가장 좋다는 H100 기반 서버가 2027년까지 연간 85~134TWh 전력을 소비할 전망입니다. 이는 거의 아일랜드 전체 전력 소모량과 동등한 수준으로 이렇게 전력 소비가 증가되는 건 바람직하지 않습니다."

---

21) GPU(Graphics Processing Unit): 원래 그래픽 처리용이었지만, 현재는 AI 연산에 최적화된 핵심 반도체. 병렬 처리에 특화되어 AI 학습과 추론에 없어서는 안 될 부품.

22) 칩셋(Chipset): 컴퓨터나 스마트폰에서 중앙처리장치(CPU)와 메모리, 저장장치 등이 원활히 작동하도록 연결·제어하는 집적회로 부품.

실제로 아일랜드의 2023년 연간 전력 소비량이 30.6TWh인 점을 고려하면, H100 서버들만으로 아일랜드 3~4개국에 해당하는 전력을 쓰게 되는 셈입니다. 더 걱정스러운 점은 이게 H100 기준 예측치라는 것입니다. 더 강력한 차세대 GPU가 보편화되면 이 수치는 기하급수적으로 늘어날 수밖에 없습니다.

앞으로 HBM8[23] 시대에는 상황이 더욱 심각해질 전망입니다. 카이스트와 TERA[24]의 연구에 따르면 단일 GPU 모듈이 15kW를 넘어설 것으로 예상됩니다. 이는 현재 B200의 1.2kW보다 12.5배 늘어난 수치로, 일반 가정이 하루 동안 쓰는 전력량의 절반을 단일 GPU가 소비하게 된다는 의미입니다.

GPU 작동 모습 시각화. [AI 생성]

---

23) HBM8(High Bandwidth Memory 8): 8세대 고대역폭 메모리. GPU와 연결되어 데이터 처리를 돕는 메모리로, 세대가 올라갈수록 성능과 전력 소비가 함께 증가한다.
24) TERA: 테라급 엑사스케일 연구 얼라이언스. 한국의 슈퍼컴퓨팅 연구 기관.

AI 데이터센터 전체 용량도 현재 30~40MW에서 100MW 이상으로 확장될 전망입니다. 100MW 데이터센터는 중간 규모 도시 하나를 운영할 수 있는 전력량으로, 이는 단순히 '큰 건물'이 아닌 하나의 '전력 집약 도시'를 만드는 것과 같습니다.

가트너(Gartner)는 AI와 생성형 AI로 인해 전력 수요가 급증하고 있으며, 앞으로 2년간 데이터센터의 전력 소비량이 160%까지 늘어날 것이라는 전망을 발표했습니다. 이로 인해 2027년까지 기존 AI 데이터센터의 40%에서 전력 가용성 문제가 발생할 것으로 예상된다고 밝혔습니다.

2027년에 데이터센터가 AI 최적화 서버를 운영하기 위해 필요한 전력은 연간 500TWh에 달할 것으로 예상됩니다. 이는 2023년보다 2.6배 늘어난 수치이자 대한민국 전체 연간 전력 소비량인 약 520TWh에 근접한 규모입니다. 즉, AI 데이터센터들만으로 한국 전체와 비슷한 전력을 쓰게 된다는 뜻입니다.

따라잡을 수 없는 속도

현재 전력 공급 인프라 확장 속도는 AI 수요 증가 속도를 전혀 따라잡지 못하고 있습니다.

발전소 건설에는 5~10년, 송배전망 구축에는 3~5년, 인허가 과정만으로도 2~3년이 걸립니다. 반면 AI 모델은 6개월~1년 주기로 더 큰 모델이 나오고, 데이터센터는 1~2년 내 완공이 가능하며, GPU

성능은 매년 2배 이상의 전력 소비 증가를 보이고 있습니다.

따라서 이는 구조적으로 해결하기 어려운 딜레마입니다. 전력 공급은 장기 인프라 사업이지만 AI 수요는 단기간에 폭증하는 특성을 가지고 있기 때문입니다.

김창익 교수는 이 현상을 비유로 설명했습니다.

> "마치 브레이크 없이 언덕을 내려가는 자전거 같습니다. 윤리적이거나 환경적인 측면에서 AI가 긍정적이지만은 않더라도, 이 기술의 확산을 막기는 어렵습니다. 지금 상황은 브레이크 없이 언덕을 내려가는 자전거와 같고, 멈춰야 한다는 걸 알면서도 멈출 수 없는 상황입니다."

이 비유는 현재 상황의 본질을 정확히 보여 줍니다. AI 발전 속도는 계속 가속화되고 있고, 경쟁 구조상 아무도 먼저 멈출 수 없으며, 모두가 문제를 알고 있지만 근본적 해결책은 없는 상황에서 언젠가는 임계점에 도달할 수밖에 없는 구조라는 것입니다.

이런 전력 소비 급증은 단순한 기술적 문제를 넘어서 국가적, 글로벌 차원의 정책 과제가 되었습니다.

에너지 안보 관점에서 보면 전력 공급 능력이 AI 경쟁력을 좌우하게 되었습니다. 각국은 원자력과 재생에너지 확대 정책을 가속화하고 있으며, 에너지 자원 보유국의 협상력이 강화되는 지정학적 변화가 나타나고 있습니다.

동시에 2050 탄소 중립 목표와 AI 전력 수요 급증 사이의 모순도 커지고 있습니다. 간헐성 문제로 인한 재생에너지의 AI 데이터센터 24시간 운영 한계, 그리고 깨끗하고 안정적인 전력원으로서의 원자력에 대한 재평가 등 환경 정책과의 충돌 문제도 심각해지고 있습니다.

AI 데이터센터의 전력 소비는 이미 한 국가에 맞먹는 수준에 도달했으며, 그 증가 속도는 전력 공급 능력을 앞서고 있습니다. 단일 GPU가 1.2kW에서 15kW로, 데이터센터가 40MW에서 100MW로, 전체 AI 인프라가 아일랜드 수준에서 한국 전체 수준으로 확대되는 이 현상은 더 이상 기술적 진보의 부작용이 아닙니다.

김창익 교수의 '브레이크 없는 자전거' 비유처럼, 우리는 멈춰야 한다는 것을 알면서도 멈출 수 없는 상황에 처해 있습니다. 이는 단순한 기술적 문제를 넘어서 전 지구적 에너지 정책과 환경 정책의 근본적 재검토를 요구하는 시대적 과제가 되고 있습니다.

발열 전쟁과 트리플 제로

데이터센터는 차세대 디지털 사회의 심장부로서 단 1초도 멈출 수 없는 운명을 타고났습니다. 우리가 새벽에 유튜브를 보든, 명절 연휴에 온라인 쇼핑을 하든, 데이터센터는 365일 24시간 한결같은 속도로 전력을 소비하며 작동합니다. 이러한 연속 운영의 특성은 데이터센터를 일반 산업시설과 구별 짓는 가장 중요한 특징이며, 동시에 전력 인프라에 유례없는 부담을 가하는 핵심 요인이 되고 있습니다.

데이터센터 전문가들 사이에서는 "데이터센터는 365일 냉방이 필요하다."라는 말이 상식처럼 통용됩니다. 서버가 작동하면서 발생하는 열은 워낙 막대해서, 한겨울에도 난방이 아닌 냉방이 필요한 아이러니한 상황이 펼쳐집니다.

한 데이터센터 관계자는 "겨울철에 데이터센터 주변을 지나가다 보면 거대한 수증기 기둥이 솟아오르는 것을 볼 수 있는데, 이는 냉각탑에서 서버의 열을 식히면서 발생하는 현상"이라고 설명합니다. 이 수증기는 데이터센터가 24시간 쉬지 않고 열과 싸우고 있다는 가시적 증거입니다.

서버실 내부 온도는 섭씨 18~27도로 엄격하게 관리되어야 하며, 이를 위해 냉각 시스템은 단 한 순간도 멈출 수 없습니다. 만약 냉각이 중단되면 서버 내부 온도는 몇 분 만에 임계점을 넘어서고, 하드웨어 손상과 데이터 손실로 이어질 수 있습니다.

데이터센터의 24시간 운영을 보장하기 위한 전력 공급 체계는 마치 정교한 오케스트라와 같습니다. 일반적인 데이터센터는 최소 2개 이상의 독립된 변전소로부터 전력을 공급받는 이중화 체계를 구축합니다. 한 변전소에서 문제가 발생하더라도 즉시 다른 변전소에서 전력을 받을 수 있도록 하는 것입니다.

하지만 이것만으로는 충분하지 않습니다. 상용 전력이 순간적으로 끊기는 상황에 대비해 UPS(무정전 전원 장치) 시스템이 항시 대기 상태를 유지합니다. UPS는 거대한 배터리 뱅크로, 정전이 발생하면 밀리초 단위로 전력 공급을 이어받아 서버 운영의 연속성을 보장합니다.

UPS가 버티는 동안, 보통 수십 초에서 몇 분 사이에 비상 발전기가 가동됩니다. 디젤이나 천연가스로 작동하는 이 발전기들은 상용 전력이 복구될 때까지 데이터센터 전체에 전력을 공급할 수 있는 용량을 갖추고 있습니다. 일부 대형 데이터센터는 72시간 이상 독립적으로 운영할 수 있는 연료를 비축하고 있습니다.

전력 시스템 관점에서 데이터센터는 특별한 의미를 가집니다. 일반적인 전력 수요는 시간대별, 계절별로 큰 변동을 보입니다. 주택가는 저녁 시간에 전력 사용이 집중되고, 공장은 주간에 가동률이 높으며, 상업 시설은 영업 시간에만 전력을 많이 사용합니다.

그러나 데이터센터는 24시간 일정한 전력을 소비하는 '기저부하' 성격을 띱니다. 이는 전력 공급 계획 수립에 있어 양날의 검과 같습니다. 한편으로는 예측 가능한 안정적 수요이지만, 다른 한편으로는 유연성이 전혀 없는 경직된 수요입니다.

한 전력 전문가는 "데이터센터는 한전 입장에서 보면 가장 안정적인 고객이면서도 가장 까다로운 고객"이라고 표현합니다. "일반 수요처는 전력 부족 시 일시적 차단이나 감축 요청이 가능하지만, 데이터센터는 그것이 불가능하다. 국가 전체가 정전되더라도 데이터센터만은 살아 있어야 한다는 요구 사항을 가지고 있다."라고도 했죠.

24시간 연속 운영이라는 특성은 데이터센터의 친환경 전환에도 큰 걸림돌이 되고 있습니다. 태양광은 밤에 발전이 불가능하고, 풍력은 바람이 없으면 멈춥니다. 이러한 간헐적 특성을 가진 재생에너지로는 데이터센터의 연속적 전력 수요를 충족시키기 어렵습니다.

물론 ESS[25]를 활용해 재생에너지를 저장했다가 필요할 때 사용하는 방안도 검토되고 있지만, 데이터센터가 요구하는 막대한 전력량을 감당하기에는 현재 기술로는 비용과 규모 면에서 비현실적입니다.

---

25) ESS(에너지 저장 시스템): 전기를 배터리에 저장해 두었다가 필요할 때 공급하는 장치로, 태양광·풍력 같은 재생에너지 활용과 전력 수급 안정에 쓰인다.

SMR을 활용한 안정적인 전력 공급. [AI 생성]

이 때문에 일부에서는 SMR[26] 같은 차세대 원자력 기술을 데이터센터 전용 전원으로 활용하자는 제안도 나오고 있습니다. 24시간 안정적으로 전력을 생산할 수 있으면서도 탄소 배출이 적다는 점에서 데이터센터의 요구 사항과 잘 맞아떨어지기 때문입니다.

최근 데이터센터 업계는 '트리플 제로(Triple Zero)', 즉 '무사고, 무중단, 무배출'이라는 야심찬 목표를 추구하고 있습니다. 24시간 멈추지 않는 운영을 유지하면서도 환경 영향을 최소화하고 완벽한 안정성을 달성하겠다는 것입니다.

이를 위해 자동화와 인공지능 기술이 적극 도입되고 있습니다. 일부 데이터센터의 경우 로봇과 자율주행 셔틀을 활용해 인력 의존도를 줄이고 24시간 운영의 효율성을 극대화하고 있습니다. 통합관제센터는 수만 개의 센서에서 실시간으로 수집되는 데이터를 분석해

---

26) SMR(소형모듈원전, Small Modular Reactor): 기존 대형 원전보다 작게 설계된 원자로로, 공장에서 모듈 형태로 제작해 설치가 쉽고 안전성이 높다는 장점이 있다.

잠재적 문제를 사전에 감지하고 대응합니다.

하지만 이 모든 첨단 기술도 결국 24시간 전력 공급이라는 기본 전제 위에서만 작동할 수 있습니다. 데이터센터의 24시간 멈추지 않는 전력 수요는 단순한 기술적 요구 사항을 넘어, 현대 디지털 문명의 지속 가능성을 좌우하는 핵심 과제가 되었습니다.

우리가 언제 어디서나 당연하게 사용하는 디지털 서비스 뒤에는, 단 1초도 쉬지 않고 전력을 소비하며 작동하는 거대한 기계들이 있습니다. 이들의 끊임없는 전력 수요를 어떻게 지속 가능하게 충족시킬 것인가, 이것이 바로 AI 시대가 우리에게 던진 가장 무거운 숙제입니다.

전력을 표기하는 방식, 와트(W)

전력은 단위 시간당 사용하거나 생산하는 에너지의 양을 나타냅니다. 와트(W)는 전력의 기본 단위로, 1초 동안 1줄(joule)의 에너지를 사용하거나 생산할 때의 전력을 말합니다.

- **전력 단위의 크기:**
  W (와트): 기본 단위
  kW (킬로와트): 1,000W = 10^3W
  MW (메가와트): 1,000,000W = 10^6W
  GW (기가와트): 1,000,000,000W = 10^9W
  TW (테라와트): 1,000,000,000,000W = 10^{12}W

- **실생활 예시:**
  일반 LED 전구: 약 10W
  가정용 전자레인지: 약 1kW

- **전력량 (Energy) - 와트시(Wh)**
  전력량은 일정 시간 동안 사용하거나 생산한 에너지의 총량을 나타냅니다. 와트시(Wh)는 1와트의 전력을 1시간 동안 사용했을 때의 에너지량입니다.

- **전력과 전력량의 관계:**
  전력량 = 전력 × 시간
  예) 1kW 전력을 3시간 사용하면 3kWh의 전력량을 소비

취재는 단순한 호기심에서 시작되었습니다. 챗GPT가 등장한 뒤 "AI가 전력을 많이 쓴다더라." 하는 말이 돌았지만, 구체적인 수치는 아무도 몰랐습니다. 국제 에너지기구(IEA), 미국 에너지부, 한국에너지공단의 공식 자료를 뒤지기 시작했습니다. 그리고 발견한 것은 상상을 초월하는 숫자들이었습니다.

국내 대형 포털사가 운영하는 270MW급 데이터센터 하나가 고양시 전체 가정용 전력 소비량과 비슷한 수준이라는 사실, 전남이 추진 중인 3GW급 초대형 시설은 서울시 전체 주택용 전력 소비량과 맞먹는다는 사실. 정부의 전력데이터 개방 포털시스템에서 직접 확인한 수치였기에 의심할 여지가 없었습니다.

하지만 단순히 "전력을 많이 쓴다."라는 것만으로는 부족했습니다. 왜 이렇게 많은 전력이 필요한지, 앞으로는 어떻게 될 것인지가 중요했습니다. 김창익 카이스트 교수는 "마치 브레이크 없이 언덕을 내려가는 자전거 같다."라고 표현했습니다.

취재 과정에서 가장 놀라웠던 점은 이 모든 것이 대중에게는 거의 알려지지 않았다는 사실입니다. 우리는 매일 AI를 쓰면서도, 그 뒤에서 도시 하나만큼의 전력이 소비되고 있다는 걸 전혀 모르고 있었습니다.

이 장을 쓰면서 가장 고민했던 부분은 어떻게 하면 숫자를 생생하게 전달할 수 있을까 하는 것이었습니다. "270MW", "116.64GWh" 같은 숫자는 일반인에게는 와닿지 않습니다. 그래서 "고양시 106만 명", "4인 가구 6000세대"처럼 우리 삶과 연결된 비유를 찾아내려 애썼습니다.

진실은 때로 불편합니다. 하지만 알아야 바꿀 수 있습니다. 이 장이 독자 여러분께 AI 시대의 숨겨진 환경 비용을 알리는 첫걸음이 되길 바랍니다.

일상 속 AI의 진짜 비용

전력을 시각화한 모습. [AI 생성]

AI는 공짜가 아닙니다. 우리가 AI를 쓰는 만큼 막대한 비용을 내야 합니다. 이 대가는 보이지 않기 때문에 알기 어렵습니다. 하지만 우리가 알지 못한다고 해서 대가가 사라지지는 않습니다. 대가는 분명합니다. 우리가 AI의 편리함을 누리는 만큼, 지구 자원을 소모하고 있다는 것입니다. 그 비용은 언젠가 반드시 부메랑이 되어 우리 삶의 터전을 위협하며 돌아올 것입니다.

AI가 가져다준 편리함의 대가가 무엇인지, 그 비용이 어느 정도인지 보다 구체적으로 파헤쳐 보겠습니다. 먼저 AI라는 거대한 엔진을 움직이는 연료, 즉 '전력'의 문제를 세 단계로 나누어 살펴보겠습니다. 그리고 그 막대한 전력을 생산하는 과정에서 발생하는 비용을 냉정하게 짚어 봅니다.

과거·현재·미래에도 '전력 먹는 하마'

먼저 AI 전력 문제를 살펴보겠습니다. 사용자가 전기를 쓰는 시점 기준으로 세 단계로 나누어 생각해 볼 수 있습니다. 크게는 'AI 개발을 위해 투입하는 전력', 'AI를 이용하면서 쓰는 전력', 'AI 발전에 따른 추가 전력'으로 구분할 수 있습니다.

AI를 개발하기 위해 쏟아부어야 하는 전력부터 면밀하게 따져 봐야 AI에 필요한 전력을 정확하게 추산할 수 있습니다. AI가 만들어지기 위한 과정에서부터 시작하는 겁니다.

첫 번째로 AI를 개발하기 위해 투입하는 전력량은 '데이터센터'에서부터 시작해야 합니다.

데이터센터는 저장 및 연산장치가 한데 모여 있는 곳입니다. 간단히 말해, 수많은 데이터를 저장하고, 그 데이터를 학습한 초고성능 컴퓨터들이 수천, 수만 대씩 모여 있는 거대한 시설입니다. AI를 학습시키기 위해 데이터센터 안에선 엄청난 계산 과정이 이뤄집니다. 수십억, 수백억 개의 데이터를 AI에게 가르치기 위해, 데이터센터의 저장·연산장치들은 365일 24시간 내내 쉴 틈 없이 돌아가야 합니다.

이 기계들을 작동시키는 것뿐만 아니라, 열을 식히기 위한 냉각장치, 전력을 안정적으로 공급하기 위한 시스템까지, 시설을 유지하는 것만으로도 상상을 초월하는 전력이 필요합니다.

구체적인 숫자로 확인해 보면 데이터센터가 잡아먹는 전력을 쉽게 느낄 수 있습니다. 2023년 3월에 발표된 산업통상자원부의 「데이터센터 수도권 집중 완화 방안」에 따르면, 우리나라 데이터센터 1개당 평균 연간 전력 사용량은 약 25GWh입니다.

이유수 에너지경제연구원 박사의 설명대로, 데이터센터 1개가 평균 6000세대에 맞먹는 전기를 쓰고 있습니다. 우리가 사는 작은 도시 하나가 쓰는 전력이, 창문도 없는 거대한 건물 하나를 유지하기 위해 고스란히 빨려 들어가고 있는 셈입니다.

더욱이 데이터센터는 단 1초의 정전도 용납되지 않습니다. 다수의 데이터센터를 설계해 온 조진균 한밭대학교 교수의 설명대로, 작동이 멈추거나 AI 학습 데이터가 손실되면 천문학적인 피해가 발생하기 때문입니다. 그래서 데이터센터는 비상 상황을 대비해 이중, 삼중으로 된 안전장치를 마련합니다.

그렇다면 실제로 AI 모델을 개발하는 데 썼던 전력은 각각 얼마나 될까요. 데이터센터에 들어가는 전력을 포함한 '실질 전력 사용량'을 이해하기 전에 유의해야 할 점이 있습니다. 바로 AI를 개발하는 데 쏟아부은 정확한 전력량은 대부분 공개되지 않는다는 점입니다.

전문가들 또한 공개된 정확한 정보가 없기 때문에 AI 모델의 성능과 기초 자료들을 바탕으로 소모 전력을 대략적으로 추정할 뿐입니다.

이렇게 정보가 숨겨져 있는 이유는 '외부의 비판적인 시선' 때문이라는 분석이 있습니다. 조성배 교수의 설명을 보면 이해가 됩니다.

"전력 소모량 데이터는 기업의 핵심 자산인 동시에, 막대한 에너지 소비에 대한 '외부의 비판적인 시선'을 불러일으킬 수 있는 민감한 정보라는 겁니다. 즉, 전력량을 계산하지 않은 것이 아니라, 계산했음에도 불구하고 그 엄청난 수치가 가져올 사회적 파장을 걱정하여 공개하지 못할 뿐입니다."

따라서 전문가들은 기업이 공개한 제한적인 정보, 즉 AI 모델의 성능과 구조, 사용된 하드웨어 등의 기초 자료를 바탕으로 소모 전력을 역으로 추정하는 방식을 사용합니다. 물론 이는 추정치이기에 약간의 오차는 존재할 수 있습니다. 하지만 조성배 교수는 이러한 추정치가 약 68%의 신뢰 구간 내에서 유효하다는 연구 결과도 있음을 언급하며, 추정된 전력량이 실제 소모량과 터무니없이 동떨어진 값은 아닐 것이라고 설명합니다.

이렇게 유효범위 내에서 추정된 개발 소모 전력은 챗GPT-3(2022년 공개) 1287MWh, 라마(LLaMa) 400MWh, Gopher 1066MWh였습니다.

모델별로 학습 전력량에 큰 차이가 나타나는 이유는 복합적입니다. 김창익 교수에 따르면, 이는 AI의 지능을 결정하는 뇌 신경망의 연결고리인 '파라미터'의 개수, 에너지 효율이 높은 최신 GPU 사용 여부, AI의 훈련 방식과 훈련량, 그리고 개발자가 더 높은 성능을 위해 데이터를 얼마나 정제하고 반복 학습시켰는지 등 수많은 변수에 따라 달라집니다.

어떤 장비로, 얼마나 오랫동안, 어떤 방식으로 AI를 가르쳤는지에 따라 결과는 천차만별이 되는 셈입니다.

현재까지 개발 과정에서 학습 전력이 투명하게 공개된 유일한 사례는 '블룸[27]'이라는 모델뿐입니다. 미국 스탠퍼드대학의 「AI 인덱스 2024(AI Index 2024)」 보고서에 따르면, 블룸을 개발하는 데는 약 433MWh의 전력이 필요했습니다. 구체적인 전력량을 알 수 있었던 이유는 블룸이 전 세계 수천 명의 연구원이 참여하는 '빅사이언스(BigScience) 워크숍'이라는 개방형 프로젝트를 통해 탄생했기 때문입니다. 개발에 투입된 모든 자원은 지금까지도 투명하게 공개되어 있습니다.

AI를 개발하기 위해 쏟아붓는 전력의 문제는 점점 심각해지고 있습니다. 매년 AI를 새롭게 학습시키면서 전기를 쏟아붓고 있습니다. 이러한 전력량의 증가는 학습 데이터량이 증가하기 때문입니다.

에포크 AI[28]에 따르면 2017년에 출시된 트랜스포머의 학습 데이터 개수(토큰)는 20억 개인 반면, 2022년에 출시된 챗GPT-3는 약 3740억 개, 메타의 선두 AI 모델인 라마-3.3은 약 15조 개의 학습데이터를 바탕으로 개발되었습니다. 따라서 Epoch AI는 AI에 투입하는 데이터의 양은 8개월마다 2배씩 커지고 있다고 분석했습니다.

놀라운 것은 전력 소비량의 증가 속도입니다. 미국 스탠포드대학

---

27) 블룸(BLOOM): 여러 나라 연구자와 단체가 협력해 개발한 대규모 언어 모델로, 인공지능 연구의 개방성과 협력을 강조하며 공개된 프로젝트다.
28) 에포크 AI(Epoch AI): 인공지능의 발전 추세와 영향을 연구하는 독립 연구기관으로, AI 모델의 훈련 동향과 전력 소비량 분석으로 유명하다.

이 발표한 「AI 인덱스 보고서 2023(AI Index Report 2023)」 분석에 따르면, 2017년에 출시된 최신 AI 모델이 소비한 전력은 약 4500W 수준이었습니다. 그러나 불과 7년이 지난 2024년 여름에 공개된 라마 3.1 모델은 개발에만 2530만W를 소비했습니다. 단 7년 만에 전력 소비량이 무려 5600배 이상 폭증한 것입니다.

보고서는 "최첨단 모델을 학습시키는 데 필요한 전력은 매년 2배씩 증가하고 있다."라고 결론 내렸습니다.

더 많은 데이터를 AI에 학습시키기 위해 더 많은 전력을 사용할 수밖에 없습니다. 앞으로 더 좋은 AI를 개발하기 위해 이전보다 더 많은 데이터를 학습시켜야 하고, 그만큼 더 막대한 전력을 사용해야 합니다. 우리가 더 똑똑한 AI를 가지려는 욕심을 부릴수록, 전력을 쥐어짜 내게 되는 겁니다.

둘째로, AI를 이용하면서 투입하는 전력도 만만치 않습니다. AI 개발에 들어가는 전력이 '건축 비용'이라면, 우리가 AI를 사용하면서 발생하는 전력은 '사용 비용'에 해당합니다.

일반적으로 사용자가 AI를 쓰는 대표적인 방법은 챗봇입니다. 우리는 챗봇에 수많은 질문을 던지며, AI는 그 질문에 대한 적절한 대답을 내놓습니다. 질문에 걸맞은 대답을 내놓기 위해 AI는 연산과 처리 작용을 거치게 되는데, 이 과정에서 엄청난 전력을 씁니다.

그런데 챗GPT에 넣는 질문당 전력 소비량에 대해 상반된 연구 결과가 나왔습니다. 그동안 질문 1회에 사용되는 전력이 약 3Wh라는 연구 결과가 널리 퍼졌습니다. 최소 10건 이상의 국내 언론에서 이 연구 결과를 그대로 인용해 보도했습니다. 심지어 우리나라 과학기술정보통신부(과기부) 장관까지 이 연구 결과를 그대로 언급했습니다.

Open AI 홈페이지

　실제로 과기부에 정보 공개 청구를 통해 해당 연구 자료가 2023년 네덜란드 암스테르담대학교 알렉스 드 브리스(Alex de Vries) 박사의 연구를 근거로 하고 있었음을 확인할 수 있었습니다. 해당 연구 결과에선 챗GPT 질문 1회에 전력이 2.9Wh가 소비된다고 했습니다.

　하지만 2025년에 발표된 최신 연구 결과는 이를 정면으로 반박합니다. 지난 2월 7일 AI 연구 단체인 에포크 AI의 조쉬 유(Josh You) 데이터분석가는 챗GPT에 넣는 질문당 전력 소비량이 약 0.3Wh라고 분석했습니다.

　　"0.3Wh 또한 보수적으로 추정한 값입니다. 오히려 이보다 더 적은 전력을
　　사용할 가능성이 있습니다. 최근 반도체 기술의 발전과 연산 최적화 기술
　　을 고려하면 전력 소비량은 훨씬 낮아질 것입니다."

따라서 챗GPT에 넣는 질문당 전력이 0.3Wh라고 가정한다면, 하루에 소모되는 전력이 얼마나 되는지 산술적으로 따져볼 수 있습니다. 질문당 전력에 실제 질문량을 곱해 단순 곱셈으로 전력량을 계산해 보는 방식입니다.

지난 7월 22일 IT 전문 매체 악시오스(Axios)에 따르면, 오픈AI는 챗GPT가 매일 전 세계 사용자들로부터 25억 건의 질문을 받고 있다고 설명했습니다. 챗GPT만을 기준으로 삼아도 하루에 750MWh를 사용한다는 결론이 나옵니다. 단순 계산으로 챗GPT를 개발할 때 투입했던 전력량을 48시간도 안 되어 가뿐히 넘어 버립니다.

여기에 챗GPT를 제외한 다른 AI인 구글의 제미나이(Gemini), 퍼플렉시티(Peplexity), 클로드(Claude) 등을 포함한다면 우리가 일상생활에서 AI에 쓰는 전력량은 훨씬 더 많아집니다. AI 사용에 쓰는 전기는 어쩌면 우리가 상상하는 양을 뛰어넘을지도 모릅니다.

셋째로, AI 발전에 따른 추가 전력 사용 문제도 심각합니다. 여태까지 쏟아부은 막대한 전력량과 비슷하게, 앞으로도 막대한 전력량을 쏟아붓는 디스토피아가 재현될 수 있습니다.

우선, AI와 결합된 검색 엔진이 이미 널리 유행하고 있습니다. 일반적인 검색 사이트에서 던지는 질문에도 AI가 대답하는 방식입니다. AI가 대답하는 방식 자체는 굉장히 다양합니다. 네이버의 큐(CUE)와 같이 검색 엔진 자체에 AI를 자동적으로 결합하는 경우도 있고, 글래리티(Glarity)와 같이 사용자 설정에 따라 검색엔진에 AI를 결합시키는 경우도 있습니다.

이처럼 검색엔진에 AI를 결합하면, 사용자는 필요한 정보를 훨씬 더 빠른 시간 내에 찾을 수 있다는 장점이 있습니다. 따라서 소비자는 자연스럽게 AI 결합 검색 엔진을 선호할 수밖에 없습니다. 검색은 사용자가 데이터를 일일이 찾아야 하는 능동적인 행위이지만, AI와 결합된 검색은 AI가 데이터를 찾아 사용자에게 제시하기 때문입니다.

조성배 교수의 설명을 보면 이런 변화가 더욱 명확해집니다.

> "지금 우리가 사용하고 있는 키워드 기반 검색은 최적의 검색 방식이라고 말하기는 어렵습니다. 향후에는 AI 챗봇을 통해 자연어로 질문하고 요약된 답변이나 맥락에 맞는 정보들을 곧바로 얻는 맞춤형 방식이 혼용될 가능성이 커 보입니다."

이제 AI는 우리의 질문 의도를 파악하고, 정보를 요약하고 정리하여 눈앞에 대령해 주는 '찾아오는 맞춤형 검색'으로 패러다임을 바꾸고 있습니다.

이렇게나 편리해진 AI 때문에 소비자들은 자연스럽게 AI 결합 검색 엔진을 더 많이 사용할 전망입니다. 즉, 일상적인 검색 행위 하나하나가 AI를 써야 할 것입니다. 글로벌 시장조사 기관 가트너는 이러한 변화로 인해 2026년까지 전통적인 웹 검색량이 25%나 감소할 것이라 예측했습니다. 우리가 정보를 얻는 방식이 근본적으로 바뀌는 큰 변화가 생기면, AI의 활용도는 지금과는 비교할 수 없을 정도로 급격히 늘어날 것입니다.

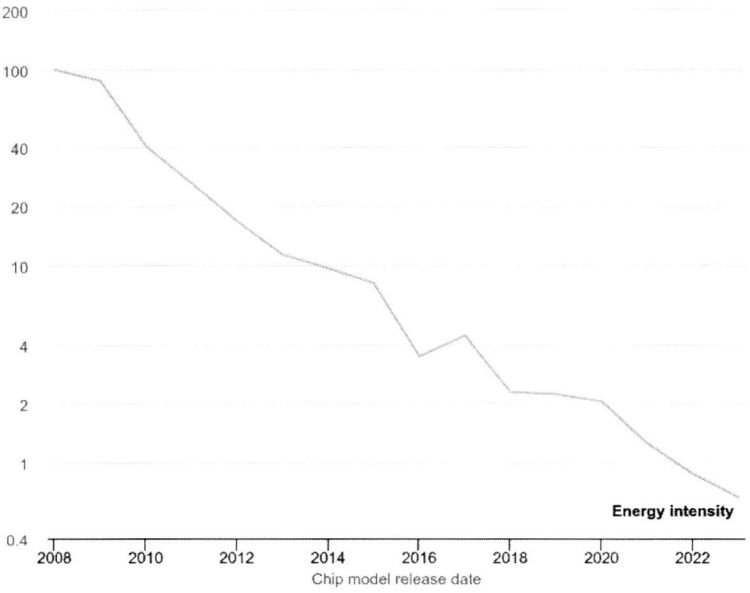

AI와 관련된 컴퓨터 칩의 효율성을 나타내는 그래프. 2008년 개발된 칩 전력을 100이라고 가정할 때, 2023년 전력 소비량은 1보다 작다. [국제에너지기구 제공]

물론 산업계는 AI 개발에 필요한 전력 사용량 자체를 줄이는 기술 발전을 거듭해 왔습니다. AI 개발에 투입되는 반도체 성능은 높이되 반도체에 필요한 전력은 점차 줄이면서 효율을 높이는 방식이었습니다.

국제에너지기구의 「AI와 관련된 컴퓨터 칩의 효율성 향상」 자료에 따르면, 2008년 반도체 전력 소비량이 100이라고 가정했을 때, 2023년 동일한 전산 처리에 들어가는 전력 소비량은 0.66으로 줄었습니다.

석광훈 에너지전환포럼 전문위원은 "지난 15년간 데이터센터용 반도체 효율이 급격하게 좋아지는 하드웨어 혁신이 빠르게 이뤄졌다."

라고 설명했습니다. 이러한 하드웨어 기술 발전이 보여 준 속도를 비춰 봤을 때, 향후에도 이러한 전력 효율화를 통한 기술 발전이 앞으로도 계속 이어질 수 있을 것이란 기대를 저버릴 수 없는 것만은 사실입니다.

하지만 앞으로의 전력 문제는 과거와는 차원이 다르게 변질될 가능성이 큽니다. 온라인상에 게재되는 데이터 자체의 양도 급격하게 늘어나고 있기 때문입니다. 환경 분야 베스트셀러에 올랐던 책『'좋아요'는 어떻게 지구를 파괴하는가』에서 저자인 기욤 피트롱(Guillaume Pitron)은 "최근 만들어지는 5억EB의 데이터가 2035년에는 2142ZB로 커질 전망"이라고 밝혔습니다. 시간이 갈수록 검색을 위해 찾아봐야 할 압축적이고 핵심적인 데이터가 아닌 불필요하고 비효율적인 데이터가 늘어난 것입니다.

데이터 저장 단위

- 비트(Bit): 컴퓨터 데이터의 최소 단위 (0 또는 1)
- 바이트(Byte): 8비트, 문자 하나를 저장
- 킬로바이트(KB): 1024바이트
- 메가바이트(MB): 1024KB, 사진 파일 크기
- 기가바이트(GB): 1024MB, 영화 파일 크기
- 테라바이트(TB): 1024GB, 하드드라이브 용량
- 페타바이트(PB): 1024TB, 데이터센터 규모
- 엑사바이트(EB): 1024PB, 인터넷 트래픽 규모
- 제타바이트(ZB): 1024EB, 전 세계 데이터 총량
- 요타바이트(YB): 1024ZB, 현재 최대 정의 단위

더불어, AI 챗봇이 생성형 AI로 발전하면서 전력에 대한 우려는 더해지고 있습니다. 단순히 검색의 차원을 넘어 사진과 영상을 만

들어달라는 사용자의 요구는 더 많은 전력을 필요로 합니다. 미국 카네기멜런대와 허깅페이스(Hugging Face)의 연구에 따르면, 챗 GPT-4o로 이미지 한 장을 생성하는 데 평균 2.907Wh의 전력이 필요한 것으로 나타났습니다.

실제로 챗GPT-4o는 개편 이후 첫 1주일간 7억 장의 이미지를 생성했습니다. 이를 단순 전력량으로만 환산하면, 미국 6만 7000가구가 하루에 쓰는 전력을 썼다는 뜻이었습니다.

뿐만 아니라, 잠재적인 AI 사용자의 크기도 고려되어야 합니다. AI를 접하지 않은 잠재적 수요층이 AI를 접하기 시작하면서 만들어 낼 막대한 전력 수요를 고려한 접근법이 필요하다는 지적이 나옵니다.

김창익 교수의 설명을 보면 이 문제의 심각성을 실감할 수 있습니다.

"지금 전 세계 인구가 약 80억 명인데, 챗GPT 등 AI 챗봇을 쓰고 있는 인구가 현재 약 8억 명 정도에 불과합니다. 그렇다면 아직 AI 챗봇을 접하지 않은 90%의 사람들이 AI를 사용하면 그만큼 전력 소모가 급상승할 겁니다."

'전기 생산'에서 '환경 파괴'로

AI에 필요한 전기를 생산하는 전력의 문제를 이토록 자세하게 짚어야 할 이유는 분명합니다. 전기를 만드는 만큼 환경이 파괴되기 때문입니다. 언뜻 멀어 보이는 두 가지 문제는 사실 하나의 운명 공동체처럼 깊게 연결되어 있습니다. 특히 우리나라처럼 화석연료를 태워 전기를 만드는 화력발전의 비중이 절대적으로 높은 국가에서는, 늘어나는 전력 수요가 환경에 치명타를 입히는 결과로 나타납니다.

화력발전을 통해 전기를 얻는 과정에서 기후 위기의 원인인 온실가스가 뿜어져 나옵니다. 이 온실가스는 지구에서 우주로 나가야 할 열을 붙잡습니다. 빠져나가지 못하고 붙잡힌 열은 지구를 데우면서 지구 온난화가 발생하는 등 환경에 치명적인 악영향을 끼칩니다.

우리나라가 국제 사회에서 '기후 악당'이라는 오명을 얻는 이유도 바로 여기에 있습니다. 2019년 기준으로 한국은 전 세계에서 다섯 번째로 석탄화력발전량이 많은 국가입니다. 석광훈 전문위원은 우리나라 전체 전력 생산에서 화력발전이 차지하는 비중이 절반에 달하며, 이는 우리나라 전체 온실가스 배출원 중 가장 큰 비중을 차지한다고 경고합니다. 우리가 일상과 산업 현장에서 아무리 온실가스를 줄이려 노력해도, 전기를 생산하는 과정에서 발생하는 막대한 양에는 미치지 못한다는 뜻입니다.

실제 데이터상으로 이 경고는 결코 과장이 아닙니다. 2022년 환경부 산하의 온실가스종합정보센터에서 발표한 온실가스 배출량 자료를 보면 실감이 납니다. 우리나라의 총 온실가스 배출량 중 무려 76.18%가 에너지를 생산하는 과정에서 배출되었습니다. 산업 공정, 농업, 폐기물 처리 등 다른 모든 부문의 배출량을 합쳐도 채 25%가 되지 않았습니다.

코로나19 팬데믹 이후로 온실가스 배출량이 점차 감소했다고 하지만, 여전히 막대한 양의 온실가스가 배출되고 있습니다. 이 중 에너지를 생산하기 위해 내뿜는 온실가스 양이 5억 5100만 9000t이었습니다. 전체 온실가스 배출량의 약 76.18%를 차지할 만큼 매우 많은 양입니다.

이 온실가스 배출량을 체감하기 위해 다른 자료와 비교해 보겠습니다. 환경부의 국가온실가스통계를 살펴보면, 한국인 1인당 온실가스 배출량은 14t입니다. 지난 2012년부터 2022년까지 10년간 평균 13~14t을 오갔습니다. 따라서 1년에 에너지를 생산하기 위해 내뿜는 온실가스량은 1년에 약 3900만 명의 한국인이 내뿜는 온실가스량과 비슷합니다. 경기도민을 제외한 대한민국 모든 국민이 내뿜는 온실가스량이 오롯이 에너지를 만들기 위해 뿜어져 나온다고 이해할 수 있습니다.

이렇듯 이미 전기 에너지를 만들기 위해 막대한 온실가스를 배출하고 있는 와중에 설상가상으로 AI라는 파도가 몰려오고 있습니다.

AI로 인한 온실가스량을 따져 보기 위해 마찬가지로 3가지 시점을 기준으로 확인해 볼 수 있습니다. 'AI를 개발하는 단계', 'AI를 사용하는 단계', '향후 AI를 사용하는 단계'로 나누어 살펴보아야 합니다.

먼저, AI를 개발할 때 내뿜는 온실가스입니다. AI를 개발하기 위해 발생하는 온실가스량을 추정해 따져본 미국 스탠퍼드대학은 「AI 보고서 2024(AI Report 2024)」 자료를 통해 그 결과를 발표했습니다. AI 모델별 전력 사용량에 따른 온실가스 배출량을 비교한 자료를 보면, 블룸 약 25t, 챗GPT-3 약 588t, 라마 약 8930t이었습니다.

블룸은 프랑스 원자력 발전을 통해 얻은 전기를 사용해 다른 AI보다 낮은 온실가스를 배출한 것으로 드러났습니다. 원자력 발전은 온실가스를 0으로 만들 수는 없지만, 최소화할 수는 있다는 실제 사례를 확인한 성과가 있었습니다.

물론 여전히 사람이 평균적으로 배출하는 온실가스와 비교하면 많습니다. 2023년 기준, 전 세계 사람 1명당 1년에 평균 5.51t 규모의 온실가스를 발생시킵니다. 이산화탄소 배출이 적은 원자력 발전으로 전기를 생산해도 사람에 비해서는 여전히 많다는 것을 알 수 있습니다.

AI를 쓰는 단계에서도 다량의 온실가스가 배출됩니다. 특히 최근 생성형 AI의 급증으로, 이산화탄소 배출은 더 늘어날 것으로 예상됩니다. 하지만 생성형 AI 입력에 따른 배출량에 대한 연구는 아직 부족한 실정입니다. AI는 사용자의 질문에 답하기 위해 가지고 있는 학습 데이터를 뒤져 결괏값을 도출하기 위한 과정인 '추론'을 거칩니다. 즉, AI가 자신이 가지고 있는 데이터를 전반적으로 훑으면서 적절한 답을 도출하는 과정입니다.

이 과정에서 AI는 질문의 주제와 내용에 상관없이 데이터 전체를 구동시키는 비효율적인 방식으로 작동합니다. 한 번 추론을 하려면 갖고 있는 모든 데이터셋을 구동시켜서 답변을 내놓아야 하므로 전력 사용량은 그만큼 늘어날 수밖에 없습니다.

AI 모델별로 추론하기 위해 쓰는 전력과 그에 따른 온실가스 배출량은 각기 다른데, 대략적으로 추측된 자료만 확인할 수 있습니다. 2023년에 발표된 루치오니(Lucioni) 연구진은 다양한 모델 작업에 걸쳐 1000개의 추론에서 발생한 배출량을 대략적으로 계산했습니다.

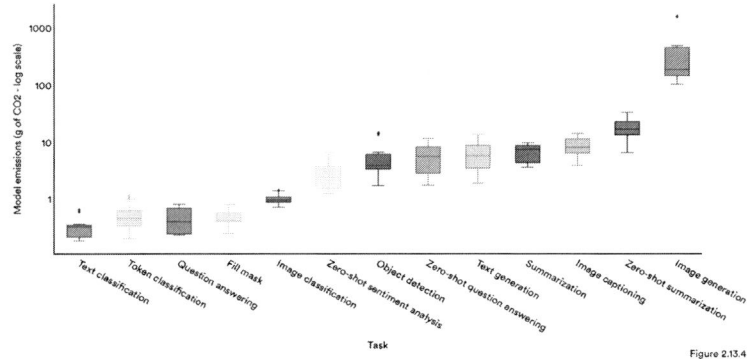

Carbon emissions by task during model inference
Source: Luccioni et al., 2023 | Chart: 2024 AI Index report

Figure 2.13.4

작업별 AI 모델이 배출하는 온실가스 배출량 그래프. 이미지 관련 작업의 온실가스 배출량(오른쪽)이 높은 편임을 알 수 있다.[「AI Index report 2024」 보고서]

해당 결과에 따르면, AI 모델이 특정한 작업을 수행할 때 발생하는 온실가스 배출량을 따져봤을 때, 배출량이 가장 적은 작업은 텍스트 분류, 추출형 질의응답, 학습 데이터 분류 등이었습니다. 이 경우 사용자 질문에 대답하기 위한 1000번 추론에 대략 1~5g 정도의 온실가스가 배출되었습니다.

온실가스 배출량이 다소 많은 작업은 이미지 분류 및 이미지 탐색 작업, 여러 가지 작업의 글자 분류, 글자 생성, 문서 요약, 이미지에 설명 달기 등이었습니다. 마찬가지로 이때 사용자 질문에 대답하기 위한 1000번 추론에 대략 10~100g의 온실가스가 배출되는 것으로 분석되었습니다.

온실가스 배출량이 가장 많은 작업은 '이미지 생성'이었습니다. 이미지를 만들기 위해 1000번 추론할 경우 약 1kg의 온실가스가 배출될 것으로 예측되었습니다. 단순한 이미지가 아니라 여러 개의 그림을 합치는 등의 작업은 이보다 더 많은 온실가스를 배출할 것으로 예상됩니다.

 이렇게 온실가스 배출량이 많은 대표적인 작업이 바로 2025년 유행했던 '지브리 화풍으로 그림 그리기'입니다. 지난 3월 오픈AI는 챗GPT-4 이용자들에게 '지브리풍 그림'[29]을 만들어 보라고 권했습니다. 특히 오픈AI의 샘 올트먼(Sam Altman) CEO는 본인의 소셜미디어 엑스(옛 트위터) 계정 프로필 사진을 '지브리 스타일' 그림으로 바꿔 놓으면서 사람들의 호기심을 자극했습니다.

 이 그림을 만들기 위해서는 먼저, 사용자가 입력한 사진을 분석해야 합니다. 그리고 분석된 사진을 지브리 화풍과 대비해 사진을 합성해야 합니다. 쉽게 말해 이중 결과물입니다. 따라서 단순 이미지 생성의 차원을 뛰어넘은 복잡한 이미지 생성 작업인 겁니다.

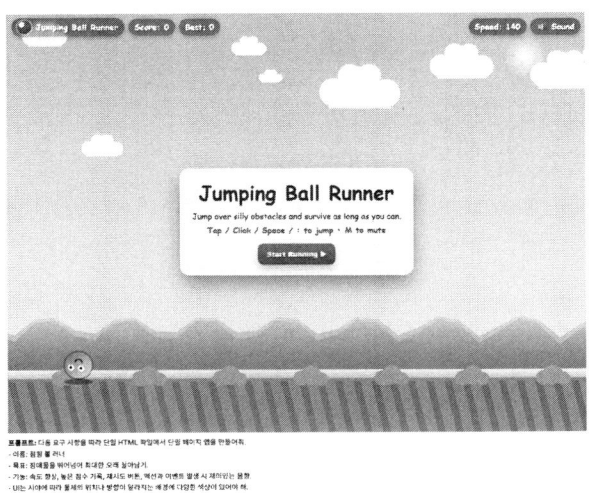

단 몇 줄의 설명을 입력해 챗GPT-5가 만들어 낸 게임.[Open AI 홈페이지 제공]

---

29) 일본 애니메이션 스튜디오 '지브리'에서 제작한 세계적인 애니메이션 영화 〈이웃집 토토로〉, 〈센과 치히로의 행방불명〉 등의 아기자기한 그림체

심지어 챗GPT-5의 등장으로 이제는 동영상과 게임까지 프롬프팅으로 만들어집니다. 지난 8월 오픈AI는 챗GPT-5를 공개했습니다. 오픈AI의 CEO인 샘 올트먼은 "챗GPT-3는 고등학생과 대화하는 느낌이었고, 챗GPT-4는 대학생과 대화하는 느낌이었지만, 이제 GPT-5는 박사급 전문가와 대화하는 느낌"이며 "핵폭탄을 만든 맨해튼 프로젝트 같았다."라고 자신들의 신규 모델을 추켜세웠습니다.

챗GPT-5는 사용자의 질문만으로도 게임을 개발해 줍니다. 아예 게임 규칙과 디자인을 모두 알아서 결합한 결과물을 내놓습니다. 제미나이 2.5 프로 버전에서는 사용자가 질문하면 8초짜리 영상을 단 몇 초 만에 만들어 줍니다. 이미지만으로도 온실가스 배출량이 1kg를 넘어설 수밖에 없는 현실에서 기술 발전은 더욱 빠르게 이뤄지고 있는 것입니다.

이에 ML CO_2 Impact[30]는 사용하는 GPU, 사용 지역, 사용 시간 등을 입력하면 온실가스가 얼마나 배출되는지를 계산해 주는 프로그램을 개발했습니다. 사람들에게 경각심을 주기 위해 프로그래머들이 자발적으로 나서기도 했습니다.

---

30) ML CO_2 Impact: 인공지능 학습이나 사용 과정에서 발생하는 탄소 배출량을 계산해 주는 온라인 도구로, AI 개발의 환경 영향을 수치로 보여 준다.

너도나도 AI가 불러온 '사용량 폭증'

편리함의 대가를 우리 모두가 져야 한다는 것 또한 생각해봐야 하는 문제입니다. AI가 산업 전반에 확산하기 시작하면서, 절대적인 사용량 자체가 늘어나는 이른바 '너도나도 AI' 유행이 불러온 결과입니다. AI를 쓰는 만큼 환경은 더 빠른 속도로 망가집니다.

앱·리테일 분석 전문 기업 와이즈앱·리테일은 지난 4월, 사람들이 AI 앱을 얼마나 설치했는지 조사했습니다. 이들은 국내 휴대폰 이용자 약 5100만 명 중 절반 이상인 2588만 명이 챗GPT, 뤼튼(Wrtn), 에이닷(Adot.AI), 퍼플렉시티, 그록(Grok), 마이크로소프트 코파일럿(Copilot), 딥시크(DeepSeek), 클로드 등 주요 AI 앱을 1개 이상 설치했다고 발표했습니다.

'실제로 AI를 사용했는지' 여부가 아니라 'AI를 설치했는지' 여부이므로 엄밀하게는 '국민 절반이 AI를 이용한다'고 단언할 수는 없습니다. 하지만 그만큼 많은 사람이 AI를 직접 사용해 보기 위해 시도했다는 결과를 나타내고 있었습니다. 심지어 3월에서 4월 사이에 AI 앱 이용자가 556만 명 늘어났으며, 챗GPT의 1인당 월평균 사용 시간은 2시간 37분으로 조사되었습니다.

면밀한 조사를 통해 AI가 우리 실생활에 얼마나 침투해있는지를 따져 봐야 그만큼 환경에 영향을 미치는 비중을 따져볼 수 있지만, 관련 연구의 진척 상황은 느리기만 합니다.

또한 그동안 국내에선 AI가 가져올 편리함에만 치중해 부정적인 대가를 살펴보는 논의가 부족했다는 평가가 지배적입니다. 김병권 녹색전환연구소 연구위원은 "생물리학적 관점에서 잊지 말아야 할 단순한 명제는 '모든 디지털 행위는 지구의 에너지를 소모한다'는 것이며, 한마디로 에너지 없이 인공지능도 없다는 것"이라고 말했습니다. 'AI는 전력을, 전력은 온실가스를'로 이어지는 기본적인 원리를 통해 환경 부문에 신중하게 접근해야 합니다.

일찌감치 환경 영향을 지적한 전문가의 통찰은 여전히 유효합니다. 정보통신 전문가 게리 맥거번(Gerry McGovern)은 디지털 '디지털 캠프(Camp Digital) 2022' 강연에서 AI는 절대 가볍지 않다고 경고했습니다.

> "우리는 디지털이 한계가 없고 공기처럼 가벼우며 거의 공짜와 다름없다고 생각했으나 그건 사실이 아닙니다. 디지털은 무겁습니다. 우리는 너무 많은 디지털 데이터를 쏟아 내는 바람에 점점 더 지구에 부담을 주고 있죠."

디지털 기기와 AI의 화려함 뒤에는 감춰진 비용이 존재합니다. 그동안 계산에 포함되지 않았거나 우리의 감각 너머에 있다는 이유로 오랫동안 무시되어 온, 거대한 빙산의 아랫부분입니다. 수면 위로 드러난 편리함이라는 일각을 제외한 나머지, 물속에 잠긴 거대한 얼음덩이야말로 우리가 앞으로 주목하고 해결해야 할 진짜 대가입니다.

〈지금은 맞고 그때는 틀리다〉라는 홍상수 감독의 영화가 있습니다. 2부로 나뉘어 있는 이 영화의 1부 제목은 '그때는 맞고 지금은 틀리다'입니다.

이 제목처럼 그때는 사실이었지만 지금은 거짓인 것들이 있습니다.

과학·기술 분야 정보들이 대표적입니다. 오래전 사람들은 천동설을 믿었습니다. 지구는 가만히 있고, 하늘이 빙글빙글 돈다고 확신했습니다. "그래도 지구는 돈다."라는 갈릴레오 갈릴레이의 말처럼, 사실 지구가 자전과 공존을 반복하고 있었죠.

과학·기술 관련 정보들이 아무리 엄격한 사실에 입각했더라도, 시대와 상황 맥락을 고려해야 합니다. 그러지 않으면 시대에 뒤떨어진 정보만 부여잡는 우스운 꼴이 됩니다.

굳이 멀리 갈 필요도 없었습니다. 천동설과 지동설까지 가지 않더라도, 우리 일상생활에서 찾아볼 수 있는 팩트들을 하나씩 점검해 봤습니다. 'AI가 대신 검색해 주는 시대라면, AI 검색하는 데 전기가 얼마나 필요할까?'라는 단순한 질문에서 취재를 시작했습니다.

언론에서는 'AI 검색에 필요한 전력은 구글 검색에 드는 전력 10배'라는 잘못된 정보들이 무분별하게 퍼져 있었습니다. 언론 기사들을 중심으로 이 정보는 수년간 똑같이 반복됐습니다.

AI를 전공하는 박사과정 지인이 '이 바닥 논문은 1년만 지나도 쓸데없다'는 말이 퍼뜩 스쳐 가는 순간이었습니다. 몇 년이 지나도 전기를 쓰는 양이 그대로일 리가 없다는 확신으로 새롭게 조사를 시작했습니다.

학계에선 기술 발전에 따라 AI 검색 전력 소모량이 당연히 줄었다는 이야기를 해 주셨습니다. 한 교수님은 이젠 10배가 아니라 최대 100배까지로 늘어날 수도 있다는 주장까지 하셨고요. 2024년 논문에선 이를 실제로 검증한 결과를 발표하기도 했습니다.

정확한 정보에서 명확한 주장으로, 명확한 주장에서 튼튼한 정책으로 이어지는 법입니다. AI가 우리 생활에 빠르고 넓게 퍼지면서 우리는 과연 얼마큼의 전기가 필요한지 계산해 볼 수 있습니다. 그리고 그 전기가 환경을 얼마나 파괴하는지 따져볼 수 있습니다.

그러니 이 팩트를 취재한 건 이제 시작에 불과합니다. 과학·기술이 발전함에 따라 이 팩트 또한 달라질 수 있습니다. 중요한 건 게으른 받아쓰기가 아니라 성실한 취재로 언론의 역할을 다하겠다는 다짐이었습니다. 또 누군가 과학·기술이 발전을 등에 업고 '그때는 맞고 지금은 틀리다'고 말해 주길 기다리겠습니다.

3

전력을 넘어선 환경 파괴

지금 이 순간에도 전 세계 수억 명이 인공지능에 질문을 던지고 있습니다. 하루에만 수십억 개의 질문이 쏟아집니다. AI 질문은 단순 검색과는 다르게 복잡한 연산을 요구한다는 점에서 의미가 다릅니다.

문제는 이 편리함 뒤에 숨겨진 충격적인 진실입니다. 챗GPT를 만든 오픈AI의 샘 올트먼 CEO에 따르면 AI 질문 하나당 물 한 방울이 증발합니다. 별것 아닌 것처럼 보이지만, 전 세계 사용자들의 질문이 모이면 수만 명이 하루 종일 쓸 수 있는 물이 공기 중으로 사라지는 양입니다.

네이버 데이터센터 '각'. [네이버 제공]

더 충격적인 것은 이것이 시작에 불과하다는 사실입니다. 국제에너지기구는 AI와 암호화폐 등의 발전에 따라 데이터센터 규모가 2024년 대비 2026년까지 2배 이상 늘어날 것으로 전망했습니다.

AI 기술이 빠르게 퍼지면서 이를 뒷받침하는 데이터센터의 냉각 방식도 급속히 바뀌고 있습니다. 기존의 공기 냉각만으로는 고성능 AI 시스템이 만들어 내는 열을 감당하기 어려워지면서 물을 활용한 냉각 시스템이 점차 표준이 되고 있습니다.

네이버는 『노컷뉴스』와의 서면 인터뷰에서 대부분의 서버 냉각을 공냉식[31] 냉각으로 하고 있다고 답했습니다. 하지만 앞으로 수냉식 서버가 많이 나온다면 수냉식[32] 냉각 시스템을 적용하게 될 것 같다고 덧붙였습니다.

케스 퀴크 교수는 이런 변화가 불가피하다고 설명했습니다.

"최고 수준의 컴퓨팅, AI 등을 원한다면 액체 냉각이 필요합니다. 다른 선택의 여지가 없습니다."

데이터센터 에너지의 현실

조진균 교수가 데이터센터의 에너지 구조에 대해 핵심적인 분석을

---

31) 공냉식(Air Cooling): 공기를 이용해 열을 식히는 방식. 선풍기 같은 팬으로 차가운 공기를 불어 서버를 식힌다.
32) 수냉식(Water Cooling): 물을 이용해 열을 식히는 방식. 물이 가진 높은 열 흡수 능력을 활용해 더 효율적으로 냉각한다.

제공했습니다. 데이터센터 전체에서 쓰는 전력의 40% 정도만이 정말 연산을 위해 사용되고, 나머지 40%는 냉각을 위해 사용되며, 20% 정도가 조명 등으로 사용된다는 것입니다.

이 수치를 보면 실감이 납니다. 데이터센터가 얼마나 많은 에너지를 냉각을 위해 소비하고 있는지를 보여 주는 중요한 지표입니다. 연산을 위한 전력만큼이나 많은 에너지가 발생한 열을 식히는 데 사용되고 있는 것입니다.

데이터센터에서 물을 이용한 냉각의 핵심은 '증발'에 있습니다. 물이 증발할 때 주변의 열을 함께 흡수하면서 온도를 빠르게 낮추는 원리를 활용하는 것입니다.

국제 로펌 화이트앤케이스(White & Case)는 2023년 10월 보고서 「데이터센터와 물: 감시와 기회」에서 1MW급 데이터센터가 간접 증발 냉각[33]을 사용할 경우 연간 최대 2550만 리터의 물을 사용할 수 있다고 분석했습니다.

공냉식과 수냉식

조진균 교수가 설명한 공냉식과 수냉식 냉각 시스템의 차이를 보면 놀라운 사실을 알 수 있습니다. 공냉식은 차가운 공기를 서버 구

---

33) 간접 증발 냉각(Indirect Evaporative Cooling): 물이 증발하면서 생기는 기화열을 이용해 간접적으로 공기나 냉각수를 식히는 방식. 직접 물을 뿌리지 않고 열교환기를 통해 냉각한다.

석구석까지 다 보내 줘야 하는 효율성 문제가 있어 손실이 굉장히 많다는 것입니다. 반면 수냉식은 공냉식의 절반 수준의 에너지로 같은 냉각 효과를 낼 수 있습니다.

공냉식 냉각의 근본적인 문제점을 보면 이해가 쉽습니다. 공기로 냉각을 하려면 찬 공기를 만들어야 합니다. 찬 공기는 차가운 물이나 냉매를 가지고 공기와 열교환을 시켜서 냉각을 시킵니다. 이때도 손실이 생깁니다. 모든 열교환은 손실과 손실의 연속입니다.

> "그렇게 해서 열교환을 해서 공기를 저기 있는 서버의 칩까지 이동시킵니다. 펜을 통해서 선풍기를 통해서 갑니다. 가는 동안에 다른 데로 세거나 다른 데로 가거나 잃어버리거나, 그다음에 다 냉각이 돼서 나와서 서버 뒤에 있는 뜨거운 공기가 다시 섞여서 들어오거나 합니다. 그래서 공냉식은 차가운 공기를 만들어 내는 냉각 장치 일도 있지만, 이 공기를 저 서버에 있는 구석구석까지 다 분배해줘야 하는 분배 효율까지 포함되어 있습니다. 그때 손실이 굉장히 많습니다."

수냉식 냉각이 왜 혁신적으로 효율적인지에 대해서는 조진균 교수의 설명이 명쾌합니다. 물로 칩까지 물을 순환시키거나 액침 냉각[34]처럼 담그면 공기를 가지고 하는 그 하나의 과정이 빠져 버립니다. 그러면 손실도 훨씬 더 줄일 수 있습니다. 그 공정이 아예 없어진 것입니다.

---

34) 액침 냉각(Immersion Cooling): 서버나 칩을 특수한 절연 액체에 완전히 담가서 직접 냉각하는 방식. 가장 효율적이지만 아직 검증이 필요한 신기술이다.

조진균 교수는 이를 더 간단하게 정리했습니다. 그냥 찬물만 만들어도 되는데, 찬물과 찬 공기를 만들기 위해서 또 열교환하고 그걸 또 어디까지 보내야 하는 그 공정이 없어져 버린 것입니다. 그래서 효율은 훨씬 더 좋아집니다.

더 나아가 수냉식 냉각의 혁신적 가능성도 제시됩니다. 칩의 표면 온도가 70도 이상 올라가면 다운됩니다. 그 정도까지 올라가지 않게만 유지해 주면 됩니다. 공기를 불기 위해서는 18도에서 27도짜리 공기를 불어넣어 주는데, 물로 했을 때는 70도 표면 온도만 유지하면 되니까 높은 온도도 보낼 수 있습니다. 그렇기 때문에 냉동기를 어느 순간에는 없애도 되는 상황이라는 것입니다.

하지만 수냉식 냉각으로의 전환이 쉽지만은 않습니다. 지금 데이터센터의 99% 이상은 아직 공냉식입니다. 서버 자체가 공기로 냉각시키는 칩 구조로 되어 있기 때문입니다. 그런데 발열이 워낙 크다 보니 공기가 실어갈 수 있는 열 제거 능력이 그렇게 많지 않다는 것입니다.

수냉식 냉각 시스템을 사용하는 서버를 시각화한 모습. [AI 생성]

현실적인 문제도 있습니다. 아직까지는 수냉식으로 냉각을 시킬 수 있는 IT 장비가 상용화되어 일반화되지 않았기 때문에 굉장히 일반적인 기술은 아니라는 것입니다. 하지만 변해 가는 과정에 있다고 덧붙였습니다.

조진균 교수는 특히 액침 냉각 같은 혁신적 기술에 대해서는 더욱 신중한 접근이 필요하다고 강조했습니다.

> "기술적으로는 구현이 됐는데 얼마나 지속하고 내구성을 가지고 있을지는 아직 검증 단계에 있습니다. 데이터센터는 굉장히 보수적입니다. 하나가 다운되면 그 손해가 엄청납니다."

액침 냉각의 위험성도 빠질 수 없습니다. 액침은 물에다 직접 집어넣는 것입니다. 유체와 전자제품이 붙어 있습니다. 물론 절연류이긴 하지만 그게 어떤 화학적 반응과 어떤 형태로 영향을 미칠 수 있는지 장기적인 테스트가 아직 안 되어 있다는 것입니다.

물 증발의 불가역성

수냉식 냉각을 사용하는 데이터센터의 경우 이 중 80%가 증발 손실될 가능성이 높습니다. 미국 환경·에너지 단체 EESI[35]는 데이

---

35) EESI(Environmental and Energy Study Institute): 미국의 환경·에너지 연구소. 환경과 에너지 정책 관련 연구와 교육을 담당하는 비영리 기관이다.

터센터가 끌어온 물의 약 80%가 증발하며, 나머지는 하수 처리로 이어진다고 설명했습니다.

이는 물을 이용한 냉각의 핵심 원리가 바로 물의 증발을 통한 기화열[36] 흡수에 있기 때문입니다. 물이 액체에서 기체로 상태 변화를 할 때 주변의 열을 대량으로 흡수하면서 냉각 효과를 만들어 내는 것이 증발 냉각의 핵심 메커니즘입니다.

데이터센터의 물 사용량이 특히 심각한 이유는 이들이 24시간 365일 중단 없이 운영되어야 한다는 특성 때문입니다. 데이터센터 안에 있는 IT 장비들이 쉬는 날이 있는지에 대해 조진균 교수에게 물었을 때, "거의 없는 게 아니라 없습니다. 쉬면 안 됩니다. 다운타임[37]이 되면 안 되기 때문에 365일 계속 돌아가야 합니다."라고 답했을 정도입니다.

조진균 교수는 과거 카카오 데이터센터 화재 사건을 예로 들며 설명했습니다.

"그때 시스템이 안 돌아가서 난리가 났었습니다. 쉬면 안 되는 것이 업타임[38]이라고 합니다. 업타임 인스티튜트라고 데이터센터 관련 기관도 있지만, 업타임이라는 게 계속 운영되는 시간을 말합니다. 100% 업타임이 되어야 합니다. 다운타임이 죽는 시간인데 그게 거의 없어야 되는 게 데이터센터입니다."

---

36) 기화열(Heat of Vaporization): 액체가 기체로 변할 때 흡수하는 열량. 물의 기화열이 매우 커서 냉각에 효과적이다.
37) 다운타임(Downtime): 시스템이 작동을 멈춘 시간. 데이터센터에서는 서비스 중단을 의미하며, 막대한 경제적 손실로 이어진다.
38) 업타임(Uptime): 시스템이 정상 작동하는 시간. 데이터센터는 99.9% 이상의 업타임을 유지해야 한다.

SK C&C 판교 데이터센터에서 발생한 화재로 카카오 시스템 전반에서 장애가 발생한 가운데
화재조사 관계자들이 현장검증을 위해 들어서고 있다. [노컷뉴스 제공]

실제로 데이터센터 주변을 지나다 보면 건물에서 하얀 수증기가
피어오르는 것을 볼 수 있습니다. 냉각탑이 있기 때문입니다. 데이
터센터는 워낙 발열이 크다 보니 365일 냉방이 필요합니다. 난방은
안 합니다. 전산실은 발열이 워낙 크니까요. 냉각탑에서 공기와 냉
각수가 열교환하다 보니, 열교환하면서 플룸[39]이라고 해서 수증기
가 발생합니다.

조진균 교수는 냉각탑에서 나오는 수증기가 여름철에는 안 나오
고 겨울철에 많이 나온다고 설명했습니다. 대부분 민원의 근원이 된
다고 덧붙였습니다.

이는 단순히 보기 흉한 수증기가 아니라, 데이터센터가 365일 내
내 막대한 양의 물을 증발시키고 있다는 가시적인 증거입니다. 특히

---

39) 플룸(Plume): 냉각탑에서 나오는 하얀 수증기 덩어리. 따뜻한 수증기가 차가운 공기와 만나면서 생기
는 현상이다.

겨울철에 더 뚜렷하게 보이는 이유는 차가운 공기와의 온도 차이로 인해 수증기가 더 잘 응결되어 보이기 때문입니다.

AI 생성

캘리포니아대학교 리버사이드의 과학자들에 따르면, 100단어 AI 프롬프트 하나당 대략 한 병의 물(519ml)이 필요한 것으로 추정됩니다. 별것 아닌 것처럼 보이지만, 전 세계 수십억 명의 AI 사용자들이 매분마다 챗GPT 같은 시스템에 프롬프트를 입력하고 있다는 점을 생각해 보면 상황이 달라집니다.

중간 규모의 데이터센터는 냉각 목적으로 연간 최대 약 1억 1000만 갤런[40]의 물을 소비할 수 있으며, 이는 약 1000가구의 연간 물 사용량과 맞먹습니다. 더 큰 데이터센터는 각각 하루에 최대 500만 갤런, 또는 연간 약 18억 갤런을 '마실' 수 있으며, 이는 1만 명에서 5만 명이 사는 도시의 사용량과 같습니다.

---

40) 갤런(Gallon): 미국에서 쓰는 부피 단위. 1갤런은 약 3.785리터다.

한 보고서에 따르면 미국 데이터센터들은 하루에 4억 4900만 갤런의 물을 소비하고 연간 1637억 갤런을 소비하는 것으로 추정됩니다(2021년 기준). 이 수치를 우리나라 기준으로 환산해 보면 그 규모가 더욱 실감납니다.

구글로 보는 현실의 숫자

구글의 사례는 이런 물 소비의 현실을 극명하게 보여 줍니다. 구글이 2023년 한 해 동안 전 세계 데이터센터와 사무실에서 사용한 물의 양은 약 52억 갤런에 달했습니다. 이는 전년보다 20% 늘어난 수치로, AI 서비스 확산에 따른 데이터센터 냉각 수요 급증을 여실히 보여 줍니다.

이를 일상적인 기준으로 환산해 보면 그 규모가 더욱 실감납니다. 환경부 상수도 통계에 따르면 국민 1인당 하루 수돗물 사용량은 303.9리터입니다. 구글이 하루 동안 사용하는 물의 양인 약 1424만 리터는 4인 가구 약 1만 1700가구가 하루 종일 사용할 수 있는 양과 맞먹습니다.

더욱 걱정스러운 것은 이런 증가세가 가속화되고 있다는 점입니다. 지난해 증가분만으로도 매일 상당한 가구가 사용할 수 있는 물이 추가로 필요해진 것입니다.

구글의 개별 데이터센터 물 사용량도 충격적인 수준입니다. 미국 오리건주 댈러스시에서 구글의 데이터센터는 지난해 1343만 8000

리터를 사용했습니다. 이는 도시 내 총 물 소비량의 29%에 해당합니다. 댈러스시는 인구 1만 5000명 정도의 작은 도시임을 감안하면, 구글 데이터센터 하나가 도시 전체 물 사용량의 거의 3분의 1을 차지하고 있는 셈입니다.

구글의 데이터센터 건설 이후 댈러스시의 물 사용량이 3배 이상 늘어난 것으로 나타났습니다. 이는 데이터센터가 지역 수자원에 미치는 직접적인 영향을 보여 주는 극명한 사례입니다.

지구촌 물 전쟁

데이터센터의 급격한 물 사용량 증가는 전 세계 각지에서 심각한 사회적 갈등을 불러일으키고 있습니다. 특히 물 부족에 시달리는 지역에서는 주민들과 기업 간의 '물 전쟁'이 현실로 나타나고 있습니다.

미국 애리조나주 메사시에서 벌어진 갈등은 이런 현실을 극명하게 보여 주는 사례입니다. 메타가 데이터센터를 확장한다는 소식에 지역 주민들이 물 공급 부족을 가장 먼저 걱정했습니다.

진 더프(Jean Duff) 메사시 시의원은 미국 워싱턴포스트와의 인터뷰에서 이렇게 말했습니다.

"우리는 미국 남서부에 지속되는 가뭄 상황을 주시하고 있습니다. 메타가 데이터센터를 확장한다는 소식을 듣고 가장 먼저 물이 부족해질까 염려했습니다."

메사시는 콜로라도강으로부터 동쪽으로 약 320km 떨어진 곳에 위치하며 콜로라도강과 그 지류로부터 수자원을 공급받습니다. 미국 서남부지역 최대 수원지로 미국인 4000만 명의 식수를 책임지는 콜로라도강은 20여 년 동안 이어진 가뭄으로 강 수위가 바닥을 드러낼 정도까지 낮아졌습니다.

메타는 메사시 엘리엇 로드 기술지구에 데이터센터 5곳을 설치해 운영하고 있습니다. 2026년까지 약 23만 2257제곱미터의 면적에다 데이터센터 세 곳을 추가로 지을 계획을 세웠습니다.

워싱턴포스트는 대규모 데이터센터 한 곳에 하루에만 100만 갤런(약 378만5411리터)에서 500만 갤런에 달하는 물이 필요하다고 집계했습니다. 이는 1만 명에서 5만 명의 인구가 사는 도시에서 하루에 쓰는 물의 양과 맞먹는 규모입니다.

메사시의 인구는 50만 명 정도입니다. 메타가 2026년에 데이터센터 세 곳을 완성하면 현재 시에서 사용하는 수자원의 80% 정도나 되는 물을 메타 데이터센터 8곳에서 써버리는 셈입니다.

구글도 이 지역에서 비슷한 상황을 겪었습니다. 구글이 아리조나 메사시에 6억 달러 규모의 새로운 데이터센터를 짓겠다고 발표했을 때, 조 카바(Joe Kava) 부회장은 메사의 데이터센터에서 물이 사용되는 곳은 사무실 일부 구역이나 화장실뿐일 것이라고 말했습니다. 오랜 가뭄으로 물 부족이 현실화되고 있는 아리조나에 물 먹는 하마로 알려진 데이터센터가 또 들어서는 것에 대한 주민들의 우려를 달래기 위한 발언으로 보입니다.

남미 칠레에서는 이와 비슷하지만 더욱 극심한 갈등이 장기간 지속되고 있습니다. 칠레는 기후 변화가 부추긴 극심한 가뭄이 13년째 이어지고 있습니다. 최근 산티아고를 포함한 수도권 주 정부는 물 부족 비상 상황에 대비해 4단계의 계획을 수립했습니다.

클라우디오 오레고(Claudio Orrego) 칠레 산티아고 수도권 주지사는 이렇게 경고했습니다.

"산티아고 491년 역사에서 겪은 적 없는 상황이 펼쳐지고 있습니다. 모두를 위한 충분한 물이 없을 상황에 대비해야 합니다."

계속된 가뭄 속에 칠레의 가용 수자원은 지난 30년 사이 10~37% 줄었고, 북부와 중부 지역에선 2060년까지 50% 더 감소할 수 있다고 당국은 추정했습니다.

칠레의 상황은 애리조나보다도 더욱 심각했습니다. 2021년 말까지 4년 연속 최악의 가뭄이 이어진 칠레에서 국민 1900만 명의 절반 이상이 '심각한 물 부족'을 겪고 있으며 지난 4월엔 수도 산티아고에 유례없는 물 배급 계획이 선포되었습니다.

칠레 중부와 북부 수백여 농촌 마을은 비상 급수 탱크로 배달되는 물에 의존해 살아갑니다. 이런 극한 상황에서 대규모 데이터센터가 하루에 5만 5000명의 가정이 사용할 수 있는 물을 냉각수로 소비하는 것에 대해 환경단체들이 강력히 반발한 것입니다.

환경단체 모사캣(Mosacat)은 2019년부터 구글 데이터센터의 물 사용 허가에 대해 지속적으로 시위를 벌여왔습니다. 미국 아리조나대학교에서 연구 중인 파블로 가르시아 체베시크(Pablo García Chevesich) 칠레 수자원학자는 경고했습니다.

"물이 국가 안보 문제가 될 정도로 상황이 심각합니다. 물은 칠레가 경제적, 사회적, 환경적으로 직면한 최대 현안입니다. 이 문제를 해결 못 하면 물이 다음 번 민중봉기의 원인이 될 것입니다."

실제로 2019년 칠레에서 수백만 명의 시민들이 구조적 불평등 해소를 요구하며 거리 시위에 나섰을 때도 물 위기는 중요 의제였습니다. 시위대들은 연금과 건강보험 개혁뿐 아니라 "가뭄이 문제가 아니라 도둑질이 문제"라는 물 부족 관련 슬로건을 후렴구처럼 반복했습니다.

유럽의 정책 대응

유럽에서도 이 문제는 정책적 차원에서 주요 관심사가 되었습니다. 유럽연합(EU) 집행위원회는 2024년 6월 발표한 물 회복력 전략에서 데이터센터를 가뭄이 일상화된 유럽에서 특별한 물 소비 우려 대상으로 명시적으로 지목했습니다.

EU의 분석에 따르면, 데이터센터를 포함한 핵심 산업들이 2030년까지 물 소비량을 현재의 3배 수준으로 늘릴 것으로 예측되었습니다. 이는 기후 변화로 인한 물 부족 문제가 심화되고 있는 유럽 상황을 고려할 때 매우 우려스러운 전망이었습니다.

2022년 이후, 신규 데이터센터의 3분의 2 이상이 물 스트레스[41] 지역인 텍사스, 애리조나, 사우디아라비아, 인도 등지에 건설되었는데, 이들 지역은 이미 담수 부족이 심각한 문제입니다.

스페인 아라곤 같은 지역에서는 아마존의 계획된 데이터센터가 연간 75만 5720세제곱미터의 물을 끌어 쓸 수 있도록 허가되어, 같은 줄어드는 물 공급에 의존하는 농부들과 갈등을 빚고 있습니다. 칠레, 네덜란드, 우루과이에서도 비슷한 긴장이 발생했으며, 지역 사회는 기술 인프라를 위한 물 전환에 항의하고 있습니다.

이런 EU의 우려에 대해 유럽 클라우드 인프라 서비스 제공업체 협회(CISPE)는 복잡한 입장을 표명했습니다. 이들은 물 부족은 시급한 과제라고 인정하면서도, 동시에 특정 산업을 겨냥한 규제는 피해 달라고 요청하는 상황입니다.

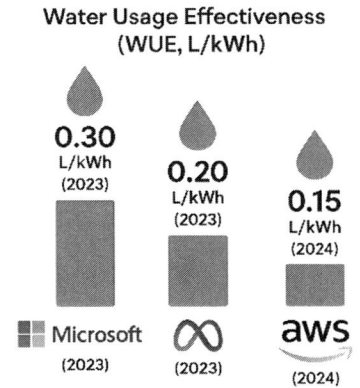

주요 해외 기업들의 최신 물 사용 효율성 지표(WUE, LkWh). [AI 생성]

---

41) 물 스트레스(Water Stress): 물 수요가 공급을 초과하거나 물의 질이 좋지 않아 사용에 제약이 있는 상태. 연간 물 사용량이 재생 가능한 담수 자원의 40% 이상일 때를 말한다.

데이터센터의 전 세계 물 발자국[42]은 연간 5600억 리터로 추정되며, AI 수요 증가로 인해 2030년까지 2배로 늘어날 것으로 예상됩니다.

조진균 교수는 이런 세계적인 갈등 현상을 분석했습니다. 지금은 정책적인 것보다는 정책을 만들어 가야 하는 상황이고, 그 만들어 가는 게 규제가 아닌 보통 정책들이 규제성으로 많이 들어가기 때문에 산업을 저해할 수 있다고 보았습니다. 사회적인 합의 혹은 기업 상생과 맞물려 진행돼야 하지만, 데이터센터와 관련된 부처들은 각기 다 나누어져 있는 상황입니다.

이런 심각한 물 부족 문제에 대응하기 위해 다양한 대안 기술들이 등장하고 있습니다. 대표적인 것이 공기 냉각 기술의 개선과 재활용 시스템 도입입니다.

일부 기업들은 폐수 재활용 시스템을 도입해 물 사용량을 줄이려고 노력하고 있습니다. 하지만 이런 시스템도 추가적인 에너지 소비와 비용이 발생한다는 한계가 있습니다.

또 다른 대안으로 주목받는 것이 바닷물을 이용한 냉각 시스템입니다. 하지만 이 경우 염분 제거와 환경 영향 등의 문제가 새롭게 대두되고 있습니다.

하지만 이런 기술 전환은 쉽지 않습니다. 데이터센터 업계가 매우 보수적이기 때문에 새로운 기술 도입이 쉽지 않다는 것입니다. 특히 액침 냉각 같은 혁신 기술의 경우 장기적인 안정성 검증이 아직 부족한 상태입니다.

---

42) 물 발자국(Water Footprint): 개인이나 기업, 국가가 제품 생산이나 서비스 제공을 위해 직간접적으로 사용하는 담수의 총량을 나타내는 지표다.

지속 가능성과 근본적 질문

데이터센터의 물 소비 급증은 단순한 자원 갈등을 넘어 21세기 디지털 시대의 지속 가능성에 대한 근본적인 질문을 던지고 있습니다.

구글 하나만으로도 연간 52억 갤런, 미국 전체 데이터센터가 연간 1637억 갤런을 소비하는 현실에서, AI 기술이 더욱 발전하고 보편화될 미래를 상상해 보면 물 위기는 더욱 심각해질 수밖에 없습니다.

특히 물 스트레스 지역에 신규 데이터센터의 3분의 2 이상이 건설되고 있다는 점은 이 문제가 단순히 기술적 효율성만으로 해결될 수 없음을 보여 줍니다. 애리조나의 콜로라도강 고갈, 칠레의 13년째 가뭄, 유럽의 물 회복력 전략 등은 모두 같은 맥락에서 이해되어야 합니다.

더 놀라운 것은 이런 현상이 가속화되고 있다는 점입니다. 2030년까지 데이터센터의 물 발자국이 2배로 늘어날 것으로 예상되는 상황에서, 각국은 이미 한계에 도달한 수자원 공급 능력으로 이를 감당해야 하는 딜레마에 빠져 있습니다.

AI가 가져다주는 편리함과 혁신 뒤에 숨겨진 환경 비용을 더 이상 외면할 수 없는 시대가 온 것입니다. 우리가 매일 사용하는 AI 서비스 하나하나가 지구 반대편 어딘가에서 소중한 물을 증발시키고 있다는 사실을 인식해야 할 때입니다.

"AI 질문 하나당 물 한 방울이 증발한다."

오픈AI CEO 샘 올트먼이 한 말입니다. 별것 아닌 것처럼 들릴 수 있지만, 그 한 방울이 모이면 강 하나를 말릴 수 있는 양이 됩니다.

구글이 2024년 한 해 동안 데이터센터에서 사용한 물은 306억 리터. 하루로 환산하면 838만 리터로, 4인 가구 약 6893가구가 하루 종일 사용할 수 있는 양입니다. 더 충격적인 것은 전년 대비 28% 증가했다는 점입니다. 증가분만 67억 리터, 즉 매일 4인 가구 1513가구가 사용할 물이 추가로 필요해진 것입니다.

이 숫자들을 취재하면서 가장 놀라웠던 점은 이 물의 대부분이 '증발'로 사라진다는 사실이었습니다. 미국 환경·에너지 단체 EESI의 분석에 따르면 데이터센터가 사용한 물의 약 80%가 증발로 소실됩니다. 재활용이 불가능한 것입니다.

조진균 한밭대 교수와의 인터뷰는 특히 인상적이었습니다. 그는 데이터센터가 365일 24시간 쉬지 않고 돌아가야 하기 때문에 물 소비 역시 멈출 수 없다고 설명했습니다. "쉬면 안 돼요. 다운타임이 되면 안 되기 때문에 365일 계속 돌아가기 때문에 그렇죠."

이 문제가 전 세계적인 갈등으로 번지고 있다는 점도 충격이었습니다. 미국 애리조나주 메사시에서는 구글이 하루 1500만 리터의 물 사용 허가를 받자 주민들이 거세게 반발했습니다. 칠레에서는 10년째 가뭄에 시달리는 상황에서 데이터센터가 하루에 5만 5000명이 사용할 수 있는 물을 쓴다는 사실에 환경단체들이 2019년부터 지속적으로 시위를 벌이고 있습니다.

유럽연합도 데이터센터를 '특별한 물 소비 우려 대상'으로 지목했고, 2030년까지 핵심 산업들의 물 소비량이 현재의 3배로 증가할 것으로 예측했습니다. 이는 기후 변화로 물 부족이 심화되고 있는 유럽 상황에서 매우 우려스러운 전망입니다.

취재하면서 가장 씁쓸했던 순간은 이런 생각이 들었을 때입니다.

'우리는 편리한 AI를 쓰면서, 지구 반대편 누군가의 식수를 빼앗고 있는 건 아닐까?'

이 장을 쓰면서 한국의 강들과 비교해 보았습니다. 구글이 2024년 한 해 사용한 물 306억 리터는 한강과 낙동강이 1년 동안 바다로 흘려보내는 물을 합친 것(333억 리터)과 거의 맞먹습니다. 금강의 5배, 영산강과 섬진강을 합친 것보다 5배나 많은 양입니다.

숫자가 주는 무게감이 있습니다. 하지만 그 숫자 뒤에는 물을 얻지 못해 고통받는 사람들이 있습니다. AI 시대의 편리함 이면에는 이렇게 '보이지 않는 비용'이 숨어 있습니다. 이것을 알리는 것이 이 취재의 목적이었습니다.

4

넘쳐나는 폐기물

2025년 3월, 오픈AI가 챗GPT의 새로운 이미지 생성 기능을 공개했을 때 전 세계는 열광했습니다. 출시 1주일 만에 1억 3000만 명의 사용자가 7억 개 이상의 이미지를 생성했고, 특히 '지브리풍' 이미지는 글로벌 인터넷 문화 현상이 되었습니다. 하지만 이 화려한 기술 혁신의 이면에는 심각한 환경 문제가 도사리고 있습니다. 바로 기하급수적으로 증가하는 전자폐기물 문제입니다.

지브리풍 이미지를 생성하는 모습과 전자폐기물이 쌓여 있는 모습. [AI 생성]

데이터센터 산업의 급속한 성장과 AI 기술의 발전은 우리가 상상하지 못했던 속도로 전자폐기물을 양산하고 있습니다. 구글, 아마존, 마이크로소프트 같은 거대 기술 기업들이 운영하는 데이터센터에서는 평균 3~5년마다 서버를 전면 갱신합니다. 이는 일반 가정용 컴퓨터의 평균 수명인 6~8년보다도 훨씬 짧은 주기입니다. 한 대당 수만 달러에서 수십만 달러에 달하는 고가의 서버들이 단 몇 년 만에 폐기물이 되는 현실은 경제적으로도, 환경적으로도 지속 가능하지 않습니다.

무어의 법칙이 만든 폐기의 가속화

이러한 빠른 교체 주기의 근본 원인은 무어의 법칙[43]과 AI 기술의 급속한 발전에 있습니다. 무어의 법칙은 마이크로칩에 저장할 수 있는 데이터 분량이 18~24개월마다 2배씩 증가한다는 법칙입니다. 일정 주기마다 반도체 성능이 향상되는 상황에서, 3년 전 서버는 이미 구식 장비가 되어 버립니다.

특히 AI 연산을 위한 GPU 서버의 경우, 엔비디아가 일정 기간마다 새로운 아키텍처를 발표하면서 성능 격차는 더욱 벌어지고 있습니다. AI 경쟁이 치열해지면서 이러한 교체 주기는 점점 더 짧아지

---

43) 무어의 법칙(Moore's Law): 인텔 창립자 고든 무어가 1965년 제안한 법칙으로, 반도체 집적회로의 성능이 18~24개월마다 2배씩 향상된다는 관찰에 기반한 경험적 법칙이다.

고 있습니다. 오픈AI가 GPT-4를 출시하자 구글은 AI에 최적화된 칩셋 TPU[44] v5를 대량 도입했고, 메타는 자체 AI 칩 개발에 수십억 달러를 투자했습니다. 최근에는 GPT-5가 도입되자 경쟁사들 또한 교체 움직임을 보이고 있습니다.

이 기업들은 최신 하드웨어를 도입하지 않으면 경쟁에서 뒤처질 수밖에 없는 상황에 직면해 있습니다. 특히 AI 특화 서버의 경우 문제가 더욱 심각합니다. 엔비디아 H100 GPU 한 대의 가격은 3~4만 달러에 달하지만, 2~3년 후에는 성능이 크게 뒤처져 교체 대상이 됩니다. 한 데이터센터에 수천 대의 GPU가 설치되어 있다는 점을 고려하면, 교체 비용만 수억 달러에 이르는 상황입니다.

국제전기통신연합(ITU)과 유엔환경계획이 2024년 3월 공동 발간한 「국제 전자폐기물 모니터 2024」는 충격적인 현실을 보여 줍니다. 2022년 한 해 동안 전 세계에서 나온 전자폐기물이 무려 6200만 톤으로, 이는 에펠탑 6000개를 합친 무게와 비슷합니다. 이 중 데이터센터와 기업용 IT 장비가 차지하는 비중은 약 8%로, 약 500만 톤에 달합니다.

더욱 우려스러운 것은 증가 속도입니다. 『네이처 컴퓨테이셔널 사이언스(Nature Computational Science)』에 2024년 10월 게재된 논문에 따르면, 2023년 생성형 AI 관련 전자폐기물이 연간 약 2600톤이었던 것이 폐기물 감축 조치 없이 현재 추세가 지속될 경우 2030년에는 연간 최대 250만 톤까지 증가할 수 있습니다. 이는 약 1000배에 달하는 급증세입니다.

---

[44] TPU(Tensor Processing Unit): 구글이 AI 연산을 위해 개발한 전용 칩. 일반 CPU나 GPU보다 AI 작업에서 훨씬 효율적이다.

지난 2022년 한 해 동안 전 세계에서 나온 전자폐기물 약 6200만 톤은 에펠탑 6000개를 합친 무게와 비슷하다. [AI 생성]

AI와 클라우드 컴퓨팅의 확산으로 데이터센터 관련 전자폐기물은 연평균 15% 이상 증가하고 있으며, 2030년까지 현재의 2배 이상으로 늘어날 것으로 예측됩니다. 2020년부터 2030년까지의 누적 전자폐기물은 최대 500만 톤에 이를 것으로 전망되며, 이 수치는 데이터센터의 냉각 시스템, 무정전 전원 공급장치(UPS) [45] 등 보조 설비를 제외한 것으로, 실제 규모는 더 클 가능성이 높습니다.

---

45) UPS(Uninterruptible Power Supply): 무정전 전원 공급장치. 정전이나 전력 불안정 시에도 지속적으로 전력을 공급하여 서버가 중단되지 않도록 하는 장비다.

재활용의 현실과 한계

국제전기통신연합의 2023년 보고서에 따르면, 전 세계 전자폐기물의 정식 재활용률은 22.3%에 불과하며, 데이터센터 장비의 경우 이보다도 낮은 15~20% 수준입니다. 이렇게 재활용률이 낮은 데는 여러 이유가 있습니다.

첫째, 기술적 복잡성입니다. 현대의 서버는 수천 개의 부품으로 구성되어 있으며, 각 부품은 다양한 재료가 복잡하게 결합되어 있습니다. CPU[46] 하나에는 60여 가지의 서로 다른 원소가 사용되며, 이를 완전히 분리하여 재활용하는 것은 기술적으로 매우 어렵고 비용이 많이 듭니다.

둘째, 경제성 문제입니다. 많은 경우 새 제품을 구매하는 것이 재활용 제품을 사용하는 것보다 저렴합니다. 특히 인건비가 높은 선진국에서는 전자폐기물을 분해하고 분류하는 비용이 회수 가능한 자원의 가치를 초과합니다.

셋째, 데이터 보안 문제입니다. 데이터센터 장비에는 민감한 정보가 저장되어 있을 가능성이 높아, 많은 기업들이 장비를 물리적으로 파괴하는 것을 선호합니다. 구글과 아마존 같은 대형 클라우드 기업들은 보안상의 이유로 하드드라이브를 물리적으로 파쇄한 후 폐기합니다. 이는 재활용 가능성을 원천적으로 차단합니다.

실제 재활용 과정도 완벽하지 않습니다. 구리와 금 같은 귀금속

---

46) CPU(중앙처리장치, Central Processing Unit): 컴퓨터에서 프로그램 명령을 해석하고 실행하는 핵심 부품으로, '컴퓨터의 두뇌'라고 불린다.

은 비교적 높은 비율로 회수되지만, 희토류 원소들의 회수율은 1% 미만입니다. 인듐, 갈륨 같은 핵심 소재들은 거의 회수되지 않고 매립되거나 소각됩니다.

선진국에서 발생한 전자폐기물의 상당 부분이 개발도상국으로 수출되는데, 이 과정에서 막대한 환경 비용이 발생합니다. 유럽에서 서아프리카로 전자폐기물을 운송하는 컨테이너선은 편도 항해에만 수천 톤의 중유를 소비하며, 전자폐기물 1톤을 유럽에서 아프리카로 운송하는 데 약 0.5톤의 이산화탄소가 배출됩니다.

바젤협약[47]이 선진국에서 개발도상국으로의 유해 전자폐기물 수출을 금지하고 있지만, 여전히 상당량의 전자폐기물이 '중고품'으로 위장되어 개발도상국으로 유입되고 있습니다. 나이지리아로 수출된 전자폐기물의 75%가 고장 난 상태였으며, 이들은 결국 현지에서 원시적인 방법으로 처리되거나 단순 매립됩니다.

버려진 전자폐기물에서 금속을 채취하는 모습. [AI 생성]

---

47) 바젤협약(Basel Convention): 1989년 체결된 국제협약으로, 유해폐기물의 국경 간 이동을 통제하고 환경친화적인 관리를 위한 국제적 협력을 규정하고 있다.

가나의 아그보그블로시에서는 매일 수백 명의 작업자들이 케이블을 태워 구리를 추출하는데, 이 과정에서 발생하는 연기에는 다이옥신, 퓨란 등의 발암물질이 포함되어 있습니다. 중국 구이유에서는 회로기판을 녹이기 위해 납땜 인두를 사용하는데, 작업자들은 아무런 보호 장비 없이 하루 12시간 이상 납 증기에 노출됩니다.

인도 델리의 전자폐기물 재활용 지역에서는 작업자의 95%가 호흡기 질환을 앓고 있으며, 70%가 피부 질환을 경험했습니다. 이들은 적절한 보호 장비 없이 맨손으로 전자폐기물을 분해하며, 산성 용액을 사용해 귀금속을 추출합니다.

펑왕(Feng Wang) 중국과학원 도시환경연구소 교수는 AI 기술 확산과 전자폐기물 증가의 연관성을 세 가지 요인으로 설명합니다.

첫째는 고성능 연산 수요의 폭증입니다. 생성형 AI의 고성능 연산 수요는 GPU와 같은 연산장치의 수요 폭증을 유발하며, 24시간 가동되는 극한의 운영 환경은 장비의 수명을 급격히 단축시킵니다.

둘째는 기술 발전에 따른 '기능적 구형화'입니다. 3년 전 최신 사양이었던 GPU는 최근 설계된 대규모 언어모델(LLM) [48]을 구동하기에는 메모리나 연산 능력이 부족해 폐기되는 상황이 발생합니다. 장비 자체는 멀쩡하지만 새로운 AI 모델의 요구 사항을 충족시키지 못해 '쓸모없는' 것이 되어 버립니다.

셋째는 글로벌 기술 격차가 만드는 '폐기물의 이동'입니다. 미중 기술경쟁 구도 속에서 선진국에서 상대적으로 '구형'이 된 AI 하드웨어

---

48) LLM(Large Language Model): 대규모 언어모델. 수십억 개의 매개변수를 가진 거대한 인공신경망으로, 챗GPT와 같은 생성형 AI 서비스의 핵심 기술이다.

가 개발도상국으로 재수출되는 과정에서, 해당 국가들의 제한적인 재활용 인프라가 문제가 됩니다.

코로나19 팬데믹도 전자폐기물 증가에 기여했습니다. 원격 근무와 온라인 교육의 확산으로 IT 장비 수요가 급증했고, 많은 기업들이 클라우드 전환을 가속화하면서 데이터센터 확장이 이루어졌습니다. 이 과정에서 구형 장비들이 대량으로 폐기되었습니다.

효율성 향상의 역설

많은 기업들이 '저전력 고효율' AI 칩 개발에 나서고 있지만, 전문가들은 회의적입니다. 케스 퓌크 교수는 이런 현상에 대해 경고했습니다.

발언하는 케스 퓌크 네덜란드 델프트 공과대학 컴퓨터 과학 및 공학 연구소 소장. [노컷뉴스 제공]

"AI 시스템이 효율적으로 콘텐츠를 처리할수록 더 많은 콘텐츠가 만들어지고, 더 많은 연산이 요구되며, 결국 더 많은 장비와 폐기가 동반됩니다."

국제에너지기구의 2024년 4월 보고서에 따르면, 데이터센터의 에너지 효율성이 지난 10년간 50% 이상 향상됐음에도 불구하고 전체 전력 소비량은 오히려 2배 증가했습니다. 이는 기술 효율성 향상이 총소비량 감소가 아닌 증가로 이어진다는 경제학적 원리와 일치합니다.

AI가 영상 편집을 쉽고 빠르게 만들어 주면 더 많은 사람들이 영상을 제작하고, 자동 자막 생성이 간편해지면 더 많은 콘텐츠에 자막이 달리는 것처럼, 효율성 향상은 오히려 전체 사용량 증가로 이어집니다.

일부 선도적인 기업들은 전자폐기물 문제를 해결하기 위해 순환경제 모델을 도입하고 있습니다. 델 테크놀로지스는 2030년까지 판매하는 제품의 50%를 재활용 또는 재생 가능한 재료로 만들겠다는 목표를 설정했습니다. HP는 '클로즈드 루프 재활용[49]' 시스템을 구축해, 회수한 카트리지의 플라스틱을 새 카트리지 제조에 재사용합니다.

메타는 데이터센터 서버의 수명을 연장하기 위해 '오픈소스 하드웨어 프로젝트[50]'를 시작했습니다. 이는 서버 설계를 오픈소스화하여 부품 호환성을 높이고, 필요한 부분만 업그레이드할 수 있도록

---

49) 클로즈드 루프 재활용(Closed Loop Recycling): 사용된 제품을 회수하여 동일한 품질의 같은 제품으로 재제조하는 완전한 순환 재활용 시스템을 말한다.
50) 오픈소스 하드웨어 프로젝트(Open Compute Project): 2011년 페이스북이 시작한 프로젝트로, 데이터센터 서버와 네트워크 장비의 설계를 공개하여 업계 전체의 효율성 향상을 추구한다.

하는 프로젝트입니다. 구글은 '서큘러 구글'[51] 이니셔티브를 통해 데이터센터 장비의 재사용을 극대화하고 있습니다.

일부 혁신적인 기업들은 데이터 보안과 환경 보호를 동시에 달성하기 위한 새로운 접근법을 시도합니다. 암호화된 상태로 데이터를 저장하고, 폐기 시 암호화 키만 파괴하는 방식을 채택하여 물리적 매체는 재활용할 수 있으면서도 데이터 보안을 유지합니다.

EU의 WEEE[52] 지침은 제조업체에게 제품 수명 종료 후 회수와 재활용 책임을 부과합니다. 2024년 3월 발표된 개정 WEEE 지침 (Directive EU 2024/884)은 태양광 패널에 대한 생산자 책임을 명확히 하고, 향후 태양광 패널을 별도 카테고리로 분류할 것을 검토하도록 했습니다. 현행 WEEE 지침은 2019년부터 최소 수거율을 65%로 설정했으며, 카테고리별로 다른 재활용 목표를 적용하고 있습니다.

중국도 2021년부터 '확장된 생산자 책임' 제도를 시행하고 있으며, 일본의 '자원 효율적 이용 촉진법'은 제조업체에게 제품의 3R[53] 설계를 의무화합니다. 미국은 연방 차원의 통일된 규제는 없지만, 25개 주에서 독자적인 전자폐기물 법안을 시행하고 있습니다.

하지만 이러한 규제들도 한계가 있습니다. 글로벌 공급망의 복잡성으로 인해 책임 소재가 불분명한 경우가 많고, 많은 기업들이 규제를 회피하기 위해 제품을 '중고품'으로 위장해 수출합니다. 벌금이

---

51) 서큘러 구글(Circular Google): 구글이 추진하는 순환 경제 전략과 친환경 데이터센터 운영을 통칭하는 개념으로, 자원 재활용과 에너지 효율을 극대화하는 방식을 포함한다.

52) WEEE(Waste Electrical and Electronic Equipment): EU의 전기전자제품 폐기물 지침으로, 전자제품 제조업체에게 제품의 수명 종료 후 회수와 재활용 의무를 부과하는 법률이다.

53) 3R(Reduce, Reuse, Recycle): 폐기물 관리의 기본 원칙으로, 줄이기(Reduce), 재사용(Reuse), 재활용(Recycle)을 의미한다.

충분히 높지 않아 기업들이 벌금을 내는 것이 재활용 프로그램을 운영하는 것보다 저렴한 경우도 있습니다.

패러다임 전환의 필요성

에런 딩(Aaron Ding) 네덜란드 델프트공과대학 사이버물리지능연구소 소장은 '엣지 AI'[54] 기술에서 부분적인 해답을 찾습니다. 엣지 AI는 클라우드 서버가 아닌 스마트폰, 노트북, IoT 기기 같은 '엣지' 디바이스에서 직접 AI를 처리하는 기술입니다. 데이터를 클라우드로 보내고 받는 대신 로컬 기기에서 직접 AI 연산을 수행함으로써 기기의 수명을 연장할 수 있습니다.

하지만 엣지 AI도 만능은 아닙니다. 간단한 음성 명령 인식이나 얼굴 인식은 엣지 AI로 처리할 수 있지만, 챗GPT 같은 대화형 AI나 소라[55] 같은 고품질 영상 생성은 여전히 대규모 데이터센터가 필요합니다.

딩 소장은 이런 우려를 표명했습니다.

---

54) 엣지 AI(Edge AI): 클라우드가 아닌 사용자 기기나 로컬 네트워크에서 직접 AI 연산을 처리하는 기술. 응답 속도가 빠르고 데이터 전송량을 줄일 수 있다.

55) 소라(Sora): 오픈AI가 2024년 발표한 텍스트를 영상으로 변환하는 생성형 AI 모델. 텍스트 설명만으로 고품질의 동영상을 생성할 수 있다.

"엣지 AI가 알려질수록 AI 수요의 폭발적인 증가를 초래할 수 있습니다. 더 많은 기기를 도입하는 것이 아니라, 재프로그래밍 가능하고 재사용할 수 있도록 만들어야 합니다."

발언하는 에런 딩 델프트 공과대학 수석 부교수, 사이버 물리 지능 연구소(CPI) 소장. [노컷뉴스 제공]

정수종 서울대 기후환경 AI연구센터장 겸 환경대학원 교수는 더 근본적인 변화가 필요하다고 강조합니다. 하드웨어 중심에서 플랫폼 중심, 서비스 중심으로 기술 체계가 옮겨가지 않는 이상, 단순 효율화로는 전자폐기물을 줄이기 어렵다는 것입니다. 소프트웨어 최적화를 통해 기존 하드웨어에서도 충분한 성능을 낼 수 있도록 하거나, 여러 사용자가 하드웨어를 공유하는 플랫폼 모델로 전환하는 것이 대안이 될 수 있습니다.

AI 칩이 집어삼키는 희토류

현대 데이터센터의 심장부인 AI 칩과 서버에는 우리가 상상하는 것보다 훨씬 더 많은 희귀 금속이 사용됩니다. 고성능 GPU와 서버에는 금, 은, 팔라듐, 탄탈룸, 네오디뮴, 디스프로슘 등 다양한 희귀 원소가 포함되어 있습니다. 이들 원소 없이는 현재 수준의 컴퓨팅 성능을 달성할 수 없습니다.

특히 희토류 원소[56]는 AI 시대의 '신경계'라 할 수 있습니다. 네오디뮴과 디스프로슘은 서버 냉각 팬과 하드드라이브의 강력한 영구 자석을 만드는 데 필수적입니다. 대규모 데이터센터에는 수만 개의 냉각 팬이 24시간 작동하며, 각 팬에는 소량이지만 중요한 양의 네오디뮴이 사용됩니다.

란타넘과 세륨은 서버의 광학 부품과 연마재로 사용되며, 유로퓸과 테르븀은 서버 모니터링용 디스플레이의 형광체로 활용됩니다.

더욱 중요한 것은 반도체 제조 공정입니다. 최첨단 7나노, 5나노 공정의 칩을 만들기 위해서는 초고순도의 희귀 금속이 필요합니다. 갈륨과 비소로 만든 갈륨비소(GaAs) 반도체는 실리콘보다 전자 이동도가 수배 빠르며, 5G 통신과 고속 데이터 처리에 중요한 역할을 합니다.

인듐은 투명 전도성 산화물(ITO)의 주원료로, 터치스크린과 평판 디스플레이에 필수적입니다. 게르마늄은 광섬유와 적외선 광학 장치, 고효율 태양전지에 사용됩니다.

---

56) 희토류 원소(Rare Earth Elements, REE): 란타넘, 세륨, 네오디뮴 등 17개의 화학원소를 통칭하는 말로, 매장량은 비교적 풍부하지만 경제적으로 채굴 가능한 광산이 제한적이어서 '희토류'라고 불린다.

탄탈룸은 커패시터 제조에 필수적인데, 전자기기마다 사용량은 다르지만 서버 메인보드에는 상당량이 사용됩니다. 업계 추정에 따르면 전 세계 탄탈룸의 약 60%가 전자제품에 사용되며, 데이터센터는 그 중 증가하는 비중을 차지하고 있습니다.

반도체 관련 원소

- 갈륨(Ga): 3족 원소, LED와 고주파 반도체 소재
- 비소(As): 5족 원소, 화합물 반도체 제조에 사용
- 갈륨비소(GaAs): 고성능 반도체 화합물, 레이저 다이오드용
- 인듐(In): 3족 원소, 투명전극과 적외선 검출기용
- 게르마늄(Ge): 4족 원소, 초기 반도체, 현재 적외선 광학용
- 탄탈룸(Ta): 전해 커패시터와 고융점 소재용
- 납(Pb): 솔더링과 방사선 차폐재료
- 수은(Hg): 액체 금속, 형광등과 압력 센서용
- 카드뮴(Cd): 배터리와 안료, 독성으로 사용 제한
- 베릴륨(Be): 경량 고강도 합금, X선 창재료

용어
- 족 원소: 주기율표에서 세로줄로 나눈 원소 그룹
- 반도체: 전기가 반쯤 통하는 물질, 컴퓨터 칩의 재료
- 다이오드: 전기를 한 방향으로만 흘려보내는 부품
- 투명전극: 보이지 않으면서 전기를 통하게 하는 막
- 적외선: 눈에 보이지 않는 열을 내는 빛
- 커패시터: 전기를 잠깐 저장했다가 내보내는 부품
- 고융점: 아주 높은 온도에서도 녹지 않는 성질
- 솔더링: 금속을 녹여서 전자부품들을 붙이는 작업
- 차폐: 해로운 방사선을 막아주는 것
- 안료: 색깔을 내는 가루 재료

데이터센터에서 폐기되는 서버와 네트워크 장비들은 단순한 고철 덩어리가 아닙니다. 이들 장비에는 납, 수은, 카드뮴, 베릴륨 등 인체와 환경에 치명적인 독성 물질들이 포함되어 있습니다.

서버 메인보드와 전자부품에는 상당량의 납이 포함되어 있으며, 구형 모니터의 경우 더 많은 양이 들어 있을 수 있습니다. 납은 신경계 손상, 신장 기능 저하, 생식 기능 장애를 일으킬 수 있는 중금속으로, 특히 어린이의 경우 소량의 납 노출만으로도 IQ 저하와 학습 장애가 발생할 수 있다는 것이 의학계의 일반적 견해입니다.

서버와 네트워크 장비들의 독성물질로 오염되는 환경. [AI 생성]

카드뮴은 충전식 배터리와 반도체 제조에 사용되는데, 국제암연구소(IARC)가 지정한 1군 발암물질입니다. 브롬화난연제[57]는 플라스틱 케이스와 회로기판의 화재 방지를 위해 첨가되는 물질로, 내분비계 교란물질로 작용할 수 있습니다. 이 물질은 갑상선 호르몬을

---

57) 브롬화난연제(Brominated Flame Retardants): 전자제품의 플라스틱 부품에 화재 방지를 위해 첨가되는
    화학물질로, 환경과 인체에 해로운 영향을 미칠 수 있어 점차 사용이 제한되고 있다.

교란시켜 성장 장애, 생식 기능 저하, 면역력 감소를 일으킬 수 있으며, 특히 태아와 영유아에게 위험할 수 있다는 연구 결과들이 보고되고 있습니다.

이러한 독성 물질들이 부적절하게 폐기될 경우 토양과 지하수를 오염시킵니다. 중국 구이유 지역과 가나의 아그보그블로시 같은 주요 전자폐기물 처리 지역에서는 심각한 중금속 오염이 보고되었으며, 이들 지역의 토양과 수질 오염 수준은 국제 안전 기준을 크게 초과하는 것으로 알려져 있습니다.

유엔환경계획의 보고서에 따르면, 전자폐기물에서 방출되는 독성 물질로 인해 전 세계적으로 상당한 건강 피해가 발생하고 있으며, 특히 개발도상국의 비공식 재활용 부문에서 일하는 많은 어린이들이 직접적인 위험에 노출되어 있는 것으로 추정됩니다.

중국의 자원 지배력과 공급망 취약성

희귀 금속 공급망의 가장 큰 문제는 극심한 지역 편중입니다. 업계 자료에 따르면 중국은 전 세계 희토류 생산의 약 70%, 가공의 약 90%를 담당하고 있습니다. 이는 단순한 시장 지배를 넘어 지정학적 영향력으로 작용하고 있습니다.

2010년 센카쿠 열도 분쟁 당시 중국이 일본에 대한 희토류 수출을 제한한 사건은 전 세계에 충격을 주었습니다. 당시 일부 희토류 원소의 가격이 수개월 만에 급등했으며, 일본의 하이테크 산업이 영향을 받았습니다. 2019년 미중 무역 갈등 시기에도 희토류가 협상 카드로 거론되었으며, 최근 중국은 갈륨과 게르마늄 등 일부 희귀 금속의 수출 통제를 강화했습니다.

중국의 영향력은 단순히 원료 생산에 그치지 않습니다. 희토류 가공과 정제 기술, 특히 개별 원소를 분리하는 기술에서 중국은 상당한 우위를 점하고 있습니다. 다른 국가에서 희토류 원광을 채굴하더라도, 많은 경우 가공을 위해 중국의 시설을 이용해야 하는 상황입니다.

희귀 금속 채굴은 환경에 심각한 영향을 미치는 산업 활동 중 하나입니다. 희토류 생산 과정에서는 대량의 광석 처리가 필요하며, 이 과정에서 상당한 양의 폐기물과 폐수가 발생합니다. 일부 희토류 광산에서는 방사성 물질을 포함한 부산물이 발생하기도 합니다.

중국 내몽골 바오터우시의 희토류 광산 지역은 환경오염의 대표적 사례로 자주 언급됩니다. 이 지역에서는 광산 폐수로 인한 심각한 오염이 보고되었으며, 주변 지역 주민들의 건강 문제가 제기되어 왔습니다.

콩고민주공화국의 코발트 광산은 또 다른 우려 지역입니다. 전 세계 코발트의 상당 부분이 콩고에서 생산되는데, 일부는 영세 광산에서 열악한 조건으로 채굴됩니다. 유니세프 등 국제기구들은 이 지역의 아동 노동 문제를 지속적으로 제기하고 있습니다.

리튬 채굴도 물 사용 문제를 야기합니다. 칠레 아타카마 사막 등의 리튬 생산 지역에서는 대량의 물이 사용되며, 이로 인한 지역 수자원 영향이 우려되고 있습니다. 일부 연구에 따르면 리튬 생산 지역의 지하수위 하락과 생태계 변화가 관찰되고 있습니다.

자원 고갈 우려와 미래 전망

미국 지질조사국(USGS) 등의 자료에 따르면, 일부 희귀 금속의 경제적 채굴 가능 매장량은 현재 소비 속도를 고려할 때 수십 년 내에 고갈될 가능성이 제기되고 있습니다. 특히 인듐, 갈륨 등 일부 원소는 상대적으로 매장량이 제한적인 것으로 평가됩니다.

『네이처 컴퓨테이셔널 사이언스』 2024년 11월호에 발표된 연구에 따르면, 2020년부터 2030년까지 10년간 생성형 AI로 인한 전자폐기물이 최대 1000배까지 증가할 수 있다고 예측했습니다. 연구진은 2023년부터 2030년까지 전 세계 AI 전자폐기물 누적 총량이 500만 톤을 넘어설 수 있다고 추정했으며, 이는 수백억 대의 스마트폰 무게와 맞먹는 수준입니다.

중국과학원 등의 연구 기관들은 AI 산업의 급성장으로 인해 향후 희토류 수요가 크게 증가할 것으로 전망하고 있으며, 이는 다른 산업 분야와의 자원 경쟁을 심화시킬 가능성이 있습니다.

전자폐기물에서 희귀 금속을 회수하는 '도시 광산'[58] 개념이 주목받고 있습니다. 연구에 따르면 전자폐기물에는 천연 광석보다 높은 농도의 귀금속이 포함되어 있는 경우가 많습니다.

일본은 도시 광산 개발의 선구적 사례를 보여 주었습니다. 2020 도쿄 올림픽에서는 재활용 금속으로 메달을 제작했는데, 이를 위해 전국에서 수백만 대의 휴대폰과 수만 톤의 소형 가전을 수거했습니

---

58)   도시 광산(Urban Mining): 폐기된 전자제품이나 건축물 등에서 유용한 금속을 회수하는 것을 의미한다. 천연 광석보다 높은 농도의 금속을 포함하고 있어 효율적인 자원 회수가 가능하다.

다. 벨기에 유미코어 등 일부 기업들은 전자폐기물 재활용 기술을 상업화하여 높은 회수율을 달성하고 있다고 보고하고 있습니다.

그러나 도시 광산도 한계가 있습니다. 많은 국가에서 전자폐기물 수거율은 여전히 낮은 수준이며, 제품의 복잡성 증가로 인해 분해와 분류가 점점 어려워지고 있습니다. 또한 일부 희귀 원소는 사용량이 극히 적어 경제적 회수가 어려운 경우도 있습니다.

지속 가능한 AI 시대를 위한 과제

AI 시대의 전자폐기물 문제는 단순한 환경 이슈를 넘어 인류의 지속 가능한 미래와 직결된 문제입니다. 2022년 6200만 톤이던 전 세계 전자폐기물이 2030년까지 급격히 증가할 것으로 예상되는 가운데, AI 관련 폐기물은 그 증가세의 선봉에 서 있습니다.

문제 해결을 위해서는 기술적, 정책적, 산업적 차원의 통합적 접근이 필요합니다. 하드웨어 설계 단계부터 재활용을 고려하고, 모듈화를 통해 부분 교체가 가능하도록 하며, 소프트웨어 업데이트로 하드웨어 수명을 연장해야 합니다. 또한 확장된 생산자 책임 제도를 강화하고, 국제적 협력을 통해 불법 폐기물 이동을 차단해야 합니다.

무엇보다 현재의 '생산-소비-폐기'의 선형 경제 모델에서 순환 경제 모델로의 전환이 시급합니다. AI의 편리함과 혁신을 포기할 수 없다면, 최소한 그 이면의 환경 비용을 직시하고 책임감 있는 소비와 개발 문화를 만들어 가야 합니다.

AI와 데이터센터가 주도하는 디지털 혁명의 이면에는 희귀 금속 의존도 증가와 독성 물질 관리라는 중요한 환경 과제가 존재합니다. 현대 기술 문명의 핵심 소재들의 공급 안정성에 대한 우려가 제기되고 있으며, 이를 둘러싼 국제적 경쟁도 심화되고 있습니다.

해결을 위해서는 순환 경제로의 전환, 대체 기술 개발, 국제 협력 강화 등 다각도의 노력이 필요합니다. 특히 AI와 데이터센터 산업은 에너지 효율 향상, 하드웨어 수명 연장, 재활용률 제고 등의 혁신을 추진해야 합니다. 성능 향상뿐만 아니라 지속 가능성도 중요한 가치로 고려되어야 합니다.

우리는 지금 중요한 선택의 시점에 있습니다. 현재의 추세가 지속된다면 자원 제약과 환경 문제가 심화될 가능성이 있습니다. 그러나 적극적인 대응을 통해 기술 발전과 환경 보호가 조화를 이루는 지속 가능한 발전 경로를 모색할 수 있습니다. AI가 인류의 미래를 밝히는 기술이 되기 위해서는, 그것이 남기는 폐기물의 그림자도 함께 해결해야 합니다. 지금 우리가 내리는 선택이 다음 세대가 물려받을 지구의 모습을 결정할 것입니다.

지난 수백 년 동안의 변화보다 최근 10년간의 변화가 더 드라마틱했다고 말하는 것은 이제 더 이상 새로운 이야기가 아닙니다. 우리가 살고 있는 지금의 세상은 시간이 지날수록 변화의 기울기가 더욱 가파르게 높아지고 있습니다.

10년 전의 기억을 떠올리기는 어렵지만, 그때 어떤 기기를 사용하고 어떤 물건을 쓰고 있었는지를 생각해 보면 기술의 변화가 얼마나 놀라운 속도로 진행되어 왔는지를 알 수 있습니다. 그만큼 변화는 우리 앞에 다가올 미래의 이야기가 아니라, 지금 이 순간에도 우리 곁에서 계속되고 있습니다.

곤충이 허물을 벗으며 새롭게 태어나듯, 기계가 부품을 교체해 새로운 기능을 구현하듯, 우리의 일상 속 변화 역시 새로운 기능을 위한 '무언가의 탄생'과 동시에 '무언가의 소멸'을 수반합니다.

기술 발전의 혜택 뒤에는 언제나 버려지는 것들이 존재합니다. 기술이 빠르게 진화할수록 교체 주기도 짧아지고, 그만큼 버려지는 양도 많아집니다.

저희는 문득 궁금했습니다. 우리가 무심코 버린 쓰레기들은 어디로 갈까? 음식물 쓰레기는 퇴비로, 플라스틱은 재가공을 통해 다시 사용된다고 알고 있습니다.

그렇다면 컴퓨터 회로기판을 비롯한 전자폐기물은 각각 분해되고 회수되어 새로운 제품의 생산에 재활용되고 있을까요?

이 지점에서 '경제성'이라는 냉정한 기준이 등장합니다.

환경오염을 유발하는 방식까지 동원해 금속을 추출하기도 하지만, 경제성이 떨어지는 전자폐기물의 상당수는 어떻게 될까요? 정답은 명확합니다. 그냥 버려집니다.

우리가 종량제 봉투에 담아 버린 생활쓰레기가 매립장으로 향하듯, 전자폐기물도 결국 매립장으로 향합니다. 다만, 선진국에서 버려진 전자폐기물이 개발도상국으로 이동하는 흐름은 여전히 이어지고 있습니다.

최근에는 막대한 양의 GPU를 사용해 암호화폐를 채굴했다는 뉴스가 잇따랐습니다. 채굴에는 엄청난 연산 능력이 필요하고, 그 대가로 암호화폐가 지급되었습니다. 그렇다면 그 과정에서 사용된 GPU들은 어떻게 되었을까요? 맞습니다. 상당수가 전자폐기물로 버려졌습니다. 저희는 버려지는 전자폐기물을 주제로 한 다양한 논문을 검토했고, 논문 저자를 포함한 관련 전문가들과 인터뷰를 진행했습니다. 나라와 언어는 달랐지만, 그리고 세부적인 관점에는 차이가 있었지만, 지금처럼 전자폐기물이 방치된다면 우리의 환경은 걷잡을 수 없이 파괴되고, 되돌리기 매우 어려운 지점에 이를 것이라는 데 모두가 뜻을 같이했습니다.

❺
빅테크의 환경 딜레마

2024년 현재, 전 세계 빅테크 기업들은 역사상 가장 치열한 AI 모델 개발 경쟁을 벌이고 있습니다. 오픈AI의 GPT 시리즈, 구글의 제미나이, 메타의 라마, 앤트로픽의 클로드, 그리고 중국의 딥시크와 알리바바의 Qwen까지, 각 기업은 더 크고 더 강력한 AI 모델 개발에 천문학적인 자원을 투입하고 있습니다.

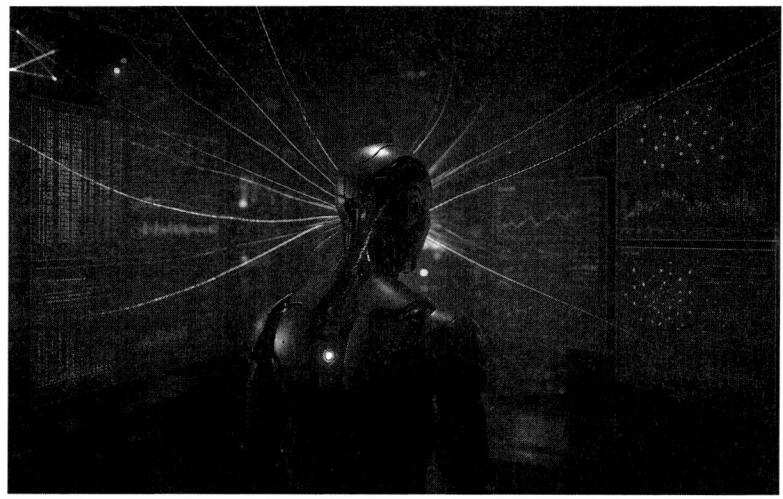

학습하는 AI의 모습. [AI 생성]

이러한 경쟁의 핵심은 모델 크기의 기하급수적 증가입니다. 2018년 버트(BERT) [59]가 3억 4000만 개의 파라미터로 시작한 이래, 챗GPT-3는 1750억 개, GPT-4는 추정 1조 7000억 개 이상의 파라미터를 보유하고 있습니다. 각 파라미터는 계산과 저장, 그리고 전력 소비를 의미합니다.

전문가들의 분석에 따르면, 챗GPT-3 하나를 훈련시키는 데 약 502톤의 이산화탄소가 배출되었으며, 이는 일반 승용차가 100만 킬로미터를 주행할 때 발생하는 탄소량과 맞먹습니다. 서울에서 부산을 500번 왕복할 수 있는 거리입니다.

더욱 심각한 것은 이것이 단 한 번의 훈련 과정에서 발생하는 배출량이라는 점입니다. 실제로는 수많은 실험과 재훈련 과정이 반복되며, 각 기업은 여러 버전의 모델을 동시에 개발하고 있습니다. 구글과 마이크로소프트, 아마존 같은 기업들이 데이터센터 시장의 대부분을 차지하고 있으며, 이들 데이터센터는 대부분 미국에 위치해 있지만 전 세계적으로 확산되고 있습니다.

급증하는 전력 소비의 현실

AI 모델의 거대화는 필연적으로 데이터센터 전력 소비의 급증으

---

59) BERT(Bidirectional Encoder Representations from Transformers): 구글이 2018년 발표한 자연어 처리 AI 모델로, 현재 대화형 AI의 기초가 되는 트랜스포머 구조를 사용한 초기 모델 중 하나다.

로 이어졌습니다. 2024년 미국 에너지부 보고서에 따르면, 데이터센터의 전력 소비량은 2018년 미국 연간 총 소비량의 1.9%에서 2023년 4.4%로 급격히 증가했으며, 2028년에는 6.7%에서 12.0%로 증가할 것으로 예측됩니다.

이 수치를 보면 실감이 납니다. 미국 전체 전력의 12%면 한국 전체가 1년간 쓰는 전력량보다도 많은 양입니다. AI 데이터센터들만으로 웬만한 국가 하나가 소비하는 전력을 써버리는 셈입니다.

우리나라의 상황도 심각합니다. 하이퍼스케일 데이터센터[60]의 경우 최소 40MW에서 100MW까지의 전력을 소비하며, 이를 4인 가구 기준으로 환산하면 약 8만 3000세대에서 20만 세대가 사용하는 전력량입니다.

전남 해남에 건설 예정인 3GW급 데이터센터는 광역시 하나가 소비하는 전력량에 맞먹는 규모입니다. 대전이나 광주 같은 도시 전체가 쓰는 전력을 데이터센터 하나가 소비하게 되는 것입니다.

데이터센터 전력 소비의 약 40%는 서버를 냉각시키는 데 사용됩니다. PUE 지수로 측정되는 에너지 효율성은 현재 전 세계 평균 1.6 수준이며, 가장 효율적인 시설도 1.2를 넘기 어렵습니다. 이는 IT 장비가 1W를 사용할 때마다 추가로 0.2~0.6W가 냉각에 소비된다는 의미입니다.

---

60) 하이퍼스케일 데이터센터(Hyperscale Data Center): 구글, 아마존, 마이크로소프트 같은 글로벌 빅테크 기업들이 운영하는 초대형 데이터센터로, 일반 데이터센터보다 수십 배에서 수백 배 큰 규모를 가진다.

데이터센터 내부의 열을 냉각시키는 모습. [AI 생성]

최근에는 액침 냉각 시스템과 같은 신기술이 도입되고 있지만, 이역시 막대한 물 사용량이라는 또 다른 환경 문제를 야기합니다. 캘리포니아대학교 리버사이드 캠퍼스의 연구에 따르면, 챗GPT-3 모델훈련에 약 70만 리터의 물이 필요했습니다. 이는 AI 개발이 단순히전력 문제만이 아니라 수자원 고갈 문제와도 직결되어 있음을 보여줍니다.

탄소중립 약속 vs 사업 확장의 충돌

대부분의 빅테크 기업들은 2030년까지 탄소중립[61]을 달성하겠다고 선언했습니다. 구글은 2007년부터 탄소중립을 주장해 왔고, 마이크로소프트는 2030년까지 탄소 네거티브[62]를 달성하겠다고 약속했습니다. 메타와 아마존도 비슷한 목표를 설정했습니다.

그러나 현실은 정반대로 흘러가고 있습니다. 구글은 2019년 이후 탄소 배출량이 50% 이상 증가했다고 발표했으며, 마이크로소프트 역시 2020년 대비 30% 이상의 배출량 증가를 기록했습니다. 이들 기업의 ESG[63] 보고서를 분석해 보면, AI 사업 확장이 탄소 배출 증가의 주요 원인임을 알 수 있습니다.

빅테크 기업들은 근본적인 딜레마에 직면해 있습니다. AI는 미래 성장의 핵심 동력이며, 이 경쟁에서 뒤처지는 것은 기업의 생존과 직결됩니다. 주주들은 지속적인 성장과 수익 증대를 요구하고, AI는 그 요구를 충족시킬 수 있는 유일한 해답으로 여겨지고 있습니다.

실제로 AI를 사용하지 않으면 경쟁에서 뒤처지게 되는 '죄수의 딜레마'[64] 상황이 형성되었습니다. 경쟁사가 AI를 활용하고 있다면, 다른 기업도 AI를 활용해야 합니다. 국가 차원에서도 같은 논리가 작

---

61) 탄소중립(Carbon Neutrality): 온실가스 배출량과 흡수량이 같아져서 실질적인 배출량이 '0'이 되는 상태. '넷제로(Net Zero)'라고도 한다.
62) 탄소 네거티브(Carbon Negative): 기업이 배출하는 탄소보다 더 많은 양의 탄소를 흡수하거나 제거하여 순 탄소 배출량이 마이너스가 되는 상태를 말한다.
63) ESG(Environmental, Social, and Governance): 환경(Environmental), 사회(Social), 지배구조(Governance)를 고려한 경영과 투자 기준으로, 기업의 지속 가능성을 평가하는 중요한 지표다.
64) 죄수의 딜레마(Prisoner's Dilemma): 게임 이론에서 개별 합리성이 집단 합리성과 충돌하는 상황을 설명하는 개념으로, 각자가 최선의 선택을 했지만 결과적으로 모두에게 불리한 결과가 나오는 상황을 말한다.

동합니다. AI 기술이 국가 경쟁력의 핵심으로 부상하면서, 어떤 국가도 환경을 이유로 AI 개발을 제한하기 어려운 상황입니다.

빅테크 기업들은 재생에너지 전환을 통해 이 딜레마를 해결하려 하고 있습니다. 많은 기업들이 RE100[65])을 선언하며 재생에너지 100% 사용을 약속했습니다. 그러나 재생에너지만으로는 급증하는 AI 전력 수요를 감당하기 어려운 것이 현실입니다.

태양광과 풍력은 날씨에 따라 발전량이 크게 변동하는 간헐성 문제가 있습니다. 데이터센터는 24시간 365일 안정적인 전력 공급이 필요한데, 재생에너지만으로는 이를 보장하기 어렵습니다. 배터리 저장 시설을 대폭 확충해야 하지만, 현재 기술로는 데이터센터의 막대한 전력 수요를 감당할 만큼 큰 용량의 배터리 시설을 경제적으로 구축하기 어려운 상황입니다.

이런 현실을 인정하며 일부 기업들은 원자력 발전에 눈을 돌리고 있습니다. 마이크로소프트는 쓰리마일 아일랜드 원전 재가동을 추진하고 있으며, 구글과 아마존은 소형모듈원전(SMR)[66]) 도입을 검토하고 있습니다. 이는 재생에너지만으로는 AI 시대의 전력 수요를 충족할 수 없다는 현실을 인정한 것입니다.

---

65) RE100(Renewable Energy 100%): 기업이 사용하는 전력의 100%를 태양광, 풍력 등 재생에너지로 공급받겠다는 국제 캠페인.

66) SMR(Small Modular Reactor): 소형모듈원전. 기존 원전보다 크기가 작고 안전성이 향상된 차세대 원자로. 건설이 빠르고 유연한 운영이 가능하다는 장점이 있다.

역계산 추정과 투명성 부재

가장 심각한 문제는 투명성의 부재입니다. 대부분의 빅테크 기업들은 AI 모델 개발에 소요되는 실제 전력 소비량을 공개하지 않습니다. ESG 보고서에는 전체 데이터센터의 소비량만 모호하게 기재되어 있을 뿐, AI 연구개발에 특정된 수치는 찾아볼 수 없습니다.

전문가들은 간접 지표를 활용하거나 데이터센터 운영 메트릭(Metric)을 역계산하는 방법으로 추정하고 있지만, 이러한 방법의 정확도는 68% 수준에 불과합니다. 이는 실제 전력 소비량과 추정치 사이에 최대 32%의 오차가 발생할 수 있다는 의미로, 예를 들어 실제로 100MW를 사용하는 데이터센터가 68MW에서 132MW 사이로 추정될 수 있어 정확한 에너지 정책 수립이나 탄소 배출량 산정에 차질을 빚게 됩니다. OECD는 2026년까지 AI 전력 공개 가이드라인을 발표할 예정이며, EU의 AI 법안에서도 전력 공개 의무화를 검토 중입니다.

이런 불투명성은 문제의 심각성을 가늠하기 어렵게 만듭니다. 실제 전력 소비량을 알아야 효과적인 대책을 수립할 수 있는데, 현재로서는 추정에만 의존할 수밖에 없는 상황입니다.

현재의 AI 개발 패러다임은 지속 가능하지 않습니다. 무조건 더 큰 모델, 더 많은 데이터, 더 강력한 컴퓨팅 파워를 추구하는 접근법은 환경적 한계에 도달했습니다. 챗GPT 하나의 쿼리는 구글 검색보다 10배 이상 더 많은 에너지를 소모하는데, 이러한 비효율적인 에너지 사용이 계속된다면 기후 목표 달성은 매우 어려워집니다.

따라서 전문가들은 에너지 효율을 AI 시스템 설계의 1차 제약 조건으로 설정해야 한다고 주장합니다. 모든 기업이 에너지 소모 대비 성능 지표를 핵심 KPI[67]로 채택하고, 하드웨어-알고리즘-인프라를 통합적으로 최적화해야 합니다.

이 방안에는 몇 가지 유망한 기술적 접근법이 제시되고 있습니다.

첫째, 경량화된 AI 모델 개발입니다. 2025년 현재 여러 영역에서 소형·경량 모델 도입이 확대되는 추세입니다. 이는 AI 생태계의 근본적인 재편으로 이어질 수 있습니다. 더 작은 모델로도 충분한 성능을 낼 수 있다면 전력 소비를 대폭 줄일 수 있습니다.

둘째, 에너지 인식형 학습 프레임워크 개발입니다. 파워 캡핑[68] 기술을 사용하면 GPU 최대 전력 소비량을 제한할 수 있으며, 이는 온도를 12도 정도 하락시켜 수명을 30% 연장하는 효과를 보입니다.

셋째, 분산 연합 학습[69]을 통해 중앙집중식 데이터센터의 부담을 줄이는 것입니다. 여러 지역에 분산된 작은 데이터센터들이 협력하여 AI 모델을 학습시키면, 대형 데이터센터 하나에 집중되는 전력 부담을 분산시킬 수 있습니다.

---

67) KPI(Key Performance Indicator): 핵심성과지표. 기업이나 조직의 목표 달성 정도를 측정하는 핵심적인 지표.

68) 파워 캡핑(Power Capping): 하드웨어의 최대 전력 소비량을 인위적으로 제한하는 기술로, 전력 효율을 높이고 발열을 줄이는 효과가 있다.

69) 연합 학습(Federated Learning): 데이터를 중앙으로 모으지 않고 각각의 디바이스나 서버에서 분산 학습한 후 결과만을 공유하는 머신러닝 방식.

정책적 개입의 필요성

시장 메커니즘만으로는 이 문제를 해결하기 어렵습니다. 정부의 적절한 개입이 필요합니다. 프랑스는 이미 데이터센터 탄소 배출량 보고를 의무화했으며, 이러한 정책이 확산되고 있습니다.

환경 비용이 AI 서비스 가격에 반영되어야 합니다. 현재 많은 AI 서비스가 무료나 저가로 제공되는 것은 환경 비용을 외부화[70]했기 때문입니다. 탄소세나 에너지세를 통해 실제 비용을 반영한다면, 사용자들도 더 신중하게 AI를 사용하게 될 것입니다.

데이터센터 위치 선정에도 환경적 요소가 고려되어야 합니다. 재생에너지가 풍부한 지역이나 자연 냉각이 가능한 추위 지역에 데이터센터를 건설하도록 유도하는 정책이 필요합니다.

빅테크 기업들의 환경 딜레마는 단순한 기업 차원의 문제가 아닙니다. 이는 AI 시대를 맞이한 인류 전체가 직면한 근본적인 도전입니다. 거대 AI 모델 경쟁은 막대한 전력 소비와 탄소 배출을 야기하고 있으며, 이는 기업들이 선언한 탄소중립 목표와 정면으로 충돌하고 있습니다.

현재의 상황은 명백히 지속 가능하지 않습니다. 챗GPT-3 훈련에 502톤의 이산화탄소가 배출되고, 데이터센터가 국가 전력의 상당 부분을 소비하는 현실은 근본적인 변화가 필요함을 보여 줍니다. 그러나 동시에 AI 기술의 포기는 현실적인 대안이 될 수 없습니다.

---

70) 외부화(Externalization): 기업이 생산 활동으로 인해 발생하는 비용(환경오염, 자원 고갈 등)을 사회에 전가하는 것을 말한다.

해결책은 균형과 혁신에 있습니다. 에너지 효율을 최우선 목표로 삼는 기술 개발, 투명한 정보 공개, 환경 비용의 내재화, 그리고 적절한 정책적 개입이 결합되어야 합니다. 빅테크 기업들은 단기적 이익을 넘어 장기적 지속 가능성을 추구해야 하며, 경쟁을 넘어 협력을 모색해야 합니다.

AI가 기후 위기의 원인이 아닌 해결책이 되기 위해서는 현재의 무한 경쟁 구조를 벗어나 지속 가능한 AI 생태계를 구축해야 합니다. 이것이 바로 우리 시대가 직면한 가장 중요한 과제이며, 빅테크 기업들이 진정한 리더십을 발휘해야 할 영역입니다.

기업들의 환경 약속과 실제 행동 사이의 괴리는 더 이상 지속될 수 없습니다. 진정한 탄소중립을 달성하려면 AI 개발 방식 자체의 혁신이 필요하며, 이는 결국 인류의 지속 가능한 미래를 위한 선택의 문제입니다.

최근 거의 모든 산업이 AI와 연계되기 시작했습니다. 스마트폰 속 AI 비서는 우리의 궁금증을 해결해 주고, 스케줄을 관리하며, 아침마다 브리핑을 제공합니다. 촬영한 사진을 자동으로 보정하고, 사용자의 취향을 분석해 음악을 추천하기도 합니다.

AI의 생활화는 이제 더 이상 새로운 라이프스타일이 아닙니다. 그런데 말입니다. 이 모든 서비스는 어디에서, 어떻게 구동되고 있을까요? "보이지 않는다고 존재하지 않는 것은 아니다(Just because you can't see it doesn't mean it isn't there)."라는 말처럼, AI 서비스의 실체는 우리가 보지 못하는 데이터센터 안에서 작동하고 있습니다.

저희는 아직 생소한 'AI 데이터센터'의 청구서가 궁금했습니다. 대부분의 사람들은 AI 서비스를 스마트폰 앱스토어에서 손쉽게 내려받아, 텍스트를 입력하면 답변을 주는 단순한 시스템으로 인식합니다.

AI는 흔히 '사람의 뇌'에 비유됩니다. 우리의 뇌가 포도당을 연료로 삼듯, AI는 전력을 연료로 삼습니다. 생각이 많을 때 "당이 떨어졌다."라고 말하며 단것을 찾듯, AI도 연산을 거듭할수록 "전력이 떨어졌다."라고 느낄지도 모르겠습니다.

구글, 애플, 오픈AI 등 세계 주요 AI 기업들이 사용하는 전력량은 일반인이 쉽게 접하기 어렵습니다. 그래서 저희는 현지 접근 관점에서 시작했습니다.

우선 빅테크 AI 기업이 몰려 있는 지역, 즉 AI 데이터센터가 집중된 지역을 직접 방문하기로 했습니다. 그곳에서 전력 수요를 조사하고, AI 데이터센터와 전력 구조를 연구하는 전문가를 만나면 구조적 문제와 환경적 문제를 함께 들여다볼 수 있을 것이라 판단했습니다.

저희는 유럽의 아일랜드와 네덜란드에 초점을 맞췄습니다. 이들 지역은 연중 서늘한 기후로 인해 빅테크 AI 데이터센터가 밀집해 있습니다.

또한 환경 문제에 적극 대응하는 유럽 내에서도 '친환경 발전'과 '거대 전력 소비'가 충돌하는 대표적인 지역이기도 합니다. 그만큼 환경 문제와 전력 수급 사이에서 다양한 갈등과 해결 시도가 공존하고 있었습니다.

현지에서는 AI 데이터센터와 전력 문제를 연구하는 여러 전문가들을 만나 인터뷰를 진행했습니다. 그 과정에서 외부에서는 쉽게 알 수 없는 다양한 현실과 문제들을 확인할 수 있었습니다. 무엇보다 저희가 충격을 받은 점은, 현지 전문가들의 우려가 더 이상 그들의 문제가 아니라는 사실이었습니다. 이 문제는 머지않아 지구 어디에서든 발생할 수 있는 공통의 위기로 다가오고 있었습니다.

AI 산업화는 이제 막 시작 단계에 불과합니다. 앞으로 AI의 활용은 폭발적으로 늘어날 것이며, 이에 따라 전 세계 곳곳에 새로운 데이터센터가 세워질 것입니다. 그에 비례해 전력 사용량도 천문학적으로 증가하고, 결국 이는 범지구적 에너지 생산 문제와 환경오염으로 직결될 것입니다.

파리협정의 약속과 현실

 2015년 12월 12일, 프랑스 파리에서 역사적인 순간이 펼쳐졌습니다. 제21차 유엔기후변화협약 당사국총회(COP21)[71]에서 195개국이 만장일치로 채택한 파리협정은 기후 변화 대응에 있어 전례 없는 글로벌 합의였습니다.

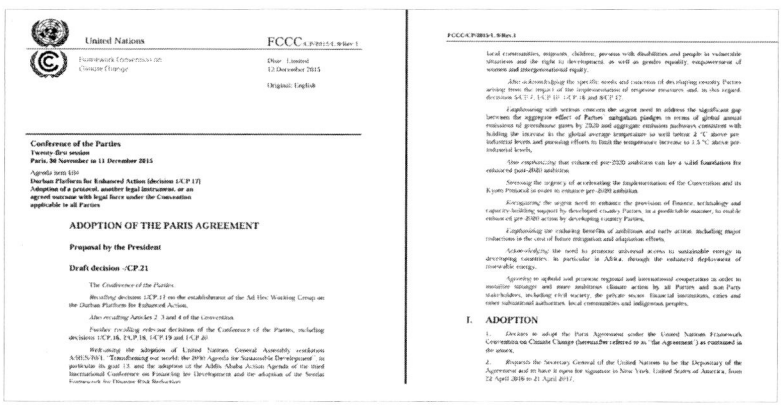

파리기후협정서 일부 발췌

71)　COP21(21st Conference of the Parties): 제21차 유엔기후변화협약 당사국총회. 전 세계 국가들이 모여 기후 변화 대응 방안을 논의하는 최고 수준의 국제회의다.

이 협정은 지구 평균온도 상승을 산업화 이전 대비 2℃보다 훨씬 아래로 유지하고, 나아가 1.5℃ 아래로 억제하기 위해 노력한다는 야심찬 목표를 설정했습니다. 기후 협정으로서는 최초로 포괄적인 구속력이 적용되는 국제법으로서 2016년 11월 4일부터 효력이 발효되었습니다.

회의 주최자였던 프랑스의 로랑 파비우스(Laurent Fabius) 외무장관은 이 협정이 야심차고 균형 잡힌 계획이라고 평가하며, 지구 온난화에 있어서 역사적 전환점이라고 선언했습니다.

실제로 파리협정은 기존 교토의정서[72]와는 완전히 다른 접근방식을 보여 주었습니다. 교토 체제하에서는 감축 의무 부담국가가 40여 개국에 불과해 전 세계 온실가스 배출량의 22%만을 차지했습니다. 하지만 파리협정 체제에서는 197개국이 참여해 전 세계 배출량의 95.7%를 포괄하게 되었습니다. 거의 모든 나라가 참여하는 진정한 글로벌 협약이 탄생한 셈입니다.

또한 교토의정서가 주로 온실가스 배출량 감축에만 집중했던 반면, 파리협정은 감축뿐만 아니라 적응, 재원, 기술이전, 투명성 등 다양한 분야를 포괄하는 종합적 체제로 설계되었습니다.

---

72) 교토의정서(Kyoto Protocol): 1997년 채택된 기후 변화 대응 국제협약. 선진국에만 온실가스 감축 의무를 부여했어서 한계가 있었다.

전 세계를 휩쓴 탄소중립 선언

파리협정 채택 이후 전 세계적으로 탄소중립 선언이 물결처럼 퍼져 나갔습니다. 스웨덴이 2017년 가장 먼저 탄소중립을 법제화했고, 이어 영국, 프랑스, 덴마크, 뉴질랜드가 2019년, 헝가리가 2020년에 법적 구속력 있는 탄소중립 목표를 설정했습니다.

유럽연합은 2019년 12월 '그린딜'[73]을 통해 2050년 탄소중립 목표를 발표했습니다. 중국은 2020년 9월 22일 유엔총회에서 시진핑 주석이 2060년 이전까지 탄소중립 달성을 선언했습니다. 일본은 2020년 10월 26일 스가 총리가 의회연설에서 2050 탄소중립 목표를 선언했습니다.

미국의 경우는 우여곡절을 겪었습니다. 2017년 6월 도널드 트럼프 대통령이 파리협정 탈퇴를 공식 선포했습니다. 파리협정이 미국에 불공평하며 미국민들에게 손해를 준다는 이유였습니다. 하지만 2021년 1월 20일 조 바이든 대통령이 취임하면서 첫 업무로 파리기후변화협약 복귀를 위한 행정명령에 서명했습니다. 바이든 대통령은 2050년까지 탄소중립을 이루겠다고 약속했습니다.

우리나라도 이런 국제적 흐름에 동참했습니다. 2015년 6월 박근혜 정부는 2030년까지 온실가스 배출전망(BAU)[74] 대비 37%를 감축

---

73) 그린딜(Green Deal): 유럽연합의 기후 변화 대응 정책. 2050년까지 탄소중립을 달성하고 경제성장과 환경보호를 동시에 추구하는 정책 패키지.

74) BAU(Business As Usual): 온실가스 배출전망이다. 특별한 조치를 취하지 않고 현재와 같은 추세로 갈 경우 예상되는 온실가스 배출량이다.

하겠다는 국가별 기여방안(INDC)[75]을 제출했습니다. 이는 20%대 감축을 예상했던 국내외의 예상을 뛰어넘는 감축 비율이었습니다.

문재인 전 대통령은 2020년 10월 28일 국회 시정연설에서 2050 탄소중립 계획을 처음 밝혔습니다. 11월 3일 국무회의 모두발언을 통해 우리도 국제사회의 책임 있는 일원으로서 세계적 흐름에 적극 동참해야 한다며 기후 위기 대응은 선택이 아닌 필수라고 강조했습니다.

특히 우리나라는 2021년 10월 영국 글래스고에서 열린 COP26에서 2030년까지 2018년 대비 40%를 감축하는 2030 국가 온실가스 감축목표 상향안을 발표하고, 2021년 12월 유엔에 제출했습니다. 서울, 광주, 충남, 제주 등 80여 개 광역·기초지자체도 자체적으로 2050 탄소중립을 선언했습니다.

재생에너지의 놀라운 성장

파리협정 이후 재생에너지 확산은 예상을 뛰어넘는 성과를 거두었습니다. 그 변화 폭을 보면 실감이 납니다. 2015년에 세계 전력의 1.1%를 담당했던 태양광은 2023년 현재 5.5%를 차지하게 되었습니다. 8년 만에 5배나 늘어난 셈입니다. 2015년 전 세계 전력의 3.5%

---

75) INDC(Intended Nationally Determined Contributions): 국가별 기여방안. 각 나라가 스스로 정한 온실가스 감축 목표와 계획이다.

를 차지하던 풍력 발전은 2023년 7.8%를 담당하고 있습니다. 이 역시 2배 이상 성장한 것입니다.

특히 재생에너지 전력 비용의 급격한 감소는 에너지 전환을 가속화했습니다. 10년 전 대비 2020년 태양광 및 풍력 발전 비용은 각각 85%와 55% 감소했고, 배터리 비용도 같은 기간 동안 85% 떨어졌습니다. 팬데믹과 러시아의 우크라이나 침공으로 인한 공급망 문제에도 불구하고 2020년 이후에도 발전단가는 지속적으로 하락하고 있습니다.

태양광 발전. [노컷뉴스 제공]

무엇보다 놀라운 것은 연료비가 들지 않는 재생에너지 전력 비용이 급격히 감소하여 많은 나라에서 이미 화석연료보다 저렴해졌다는 점입니다. 국제에너지기구는 이런 추세를 바탕으로 2050년 주 전력원으로 태양광·풍력을 꼽고 있습니다.

중국의 재생에너지 성장세는 상상을 초월합니다. 2024년에 태양광 278GW, 풍력 80GW를 추가해 G20의 재생에너지 추가분의 69%

와 76%를 각각 차지했습니다. 2024년 말까지 중국은 G20의 총 풍력 및 태양광 설비 용량의 절반을 차지하게 되었습니다. 이런 급증으로 풍력 발전이 8% 늘어나 현재 G20 전력 구성의 9%를 차지하게 되었고, 태양광 발전은 29% 급증하여 전력 구성의 7%에 도달했습니다.

국내에서도 재생에너지 보급이 눈에 띄게 늘었습니다. 신재생에너지 발전 비중이 지속적으로 확대되고 있으며, 정부는 2030년까지 재생에너지 발전 비중을 20%로 확대하겠다는 목표를 설정했습니다.

재생에너지 확산과 함께 에너지 효율화 노력도 상당한 성과를 거두었습니다. 국제에너지기구의 자료를 보면 그 성과가 실감납니다. 2010년 이후 전 세계 인터넷 트래픽이 12배 늘어나는 동안 데이터센터의 에너지 수요량은 크게 변하지 않았습니다.

이는 지속적인 기술 개발과 인프라 효율성 개선을 통해 데이터센터의 에너지 소비량 증가를 상쇄한 결과입니다. 수요가 늘어난 만큼 기업들이 더 많은 데이터센터를 짓고 더 많은 탄소를 배출할 수도 있었지만, ESG 경영과 기업의 사회적 책임 의식이 이런 효율성 개선을 이끌어 냈습니다.

또한 전력 부문에서도 상당한 효율성 개선이 이루어졌습니다. 미국, 일본, 독일 등 선진국의 전력소비량은 감소세를 보이고 있으며, 산업 전반에서 에너지 효율성 향상을 위한 다양한 노력들이 결실을 맺고 있습니다.

건물 부문에서도 에너지 효율 개선이 지속적으로 이루어지고 있습니다. 스마트 빌딩, 고효율 냉난방 시스템, LED 조명 등의 보급으로 건물 부문의 에너지 소비 효율성이 크게 향상되었습니다.

예상치 못한 복병

하지만 파리협정 이후의 기후 대응 노력에 예상치 못한 복병이 나타났습니다. 바로 데이터센터로 인한 급격한 전력 수요 증가였습니다. 특히 2022년 말 챗GPT의 등장 이후 AI 기술이 폭발적으로 퍼지면서 이 문제는 더욱 심각해졌습니다.

현재 전 세계 모든 데이터의 90%는 2015년 이후에 만들어졌습니다. 시장조사 기관 IDC[76]에 따르면, 그 변화 속도가 실감납니다. 2016년 하루에 만들어진 데이터는 약 440억GB였지만, 2025년에는 10배가 넘는 4640억GB일 것으로 예측됩니다. 이는 1년 단위로 계산하면 약 170PB에 달하며, 2015년의 10PB에 비해 17배 늘어난 수준입니다.

이런 데이터 트래픽의 급증으로 전 세계 데이터센터 수는 2016년 1252개에서 2021년 1851개로 최근 5년간 약 50% 늘어났습니다. 국내에서도 2000년 이전 50여 개에 불과했던 데이터센터가 이후 해마다 5.9% 증가해 3배 이상 늘어나 2020년 기준 156개에 달했습니다.

이런 상황은 파리협정이 설정한 기후 목표와 디지털 전환이라는 시대적 요구 사이의 근본적인 충돌을 보여 줍니다. 한편으로는 탄소 중립을 달성하기 위해 에너지 소비를 줄이고 재생에너지로 전환해야 하지만, 다른 한편으로는 AI와 디지털 기술의 발전으로 전력 수요가 폭증하고 있는 상황입니다.

---

76) IDC(International Data Corporation): 글로벌 IT 시장조사 및 컨설팅 회사. 기술 시장 동향과 데이터 분석을 전문으로 한다.

세계기상기구(WMO)[77]는 2024년 발표한 보고서에서 충격적인 전망을 제시했습니다. 올해부터 2028년까지 5년간 지구 연평균 표면 기온이 산업화 이전 시기보다 1.1~1.9도 높을 것으로 예상했으며, 연평균 기온 상승 폭이 1.5도를 넘어서는 해가 적어도 한 번 나올 확률을 80%로 내다봤습니다. 2015년에는 0에 가까웠고 2017~2021년에는 20%에 불과했던 확률이 급격히 상승한 것입니다.

이는 기후 변화가 예상보다 빠르게 진행되고 있음을 의미합니다. 그런데 동시에 AI 기술의 발전으로 전력 수요는 급증하고 있어, 파리협정의 목표 달성이 점점 더 어려워지고 있는 상황입니다.

국제에너지기구는 이런 현실을 인정하며 파리기후협약이 정한 기후목표를 달성하기 위해 요구되는 이산화탄소 배출의 급격한 감소는커녕 배출량이 사상 최대를 기록했다고 지적했습니다. 실제로 2023년 전 세계 에너지 관련 이산화탄소 배출량은 사상 최고치인 374억 톤을 기록했습니다.

미·중 패권 경쟁 가속

이런 현실은 국가 차원에서 더욱 명확하게 드러나고 있습니다. 미국과 중국이 AI 기술패권을 놓고 벌이는 치열한 경쟁이 대표적인 사

---

77) WMO(World Meteorological Organization): 세계기상기구. 유엔 산하 국제기구로 전 세계 기상과 기후 정보를 수집하고 분석한다.

레입니다. 그 규모를 보면 실감이 납니다. 2019년 AI 민간투자에서는 미국이 657억 3500만 달러로 중국의 143억 8100만 달러를 압도했지만, 정부투자에서는 중국이 225억 달러로 미국의 20억 3000만 달러를 크게 앞섰습니다.

중국은 2017년부터 '차세대 인공지능 발전계획'을 발표하며 2030년까지 AI 세계 최고가 되겠다고 선언했습니다. 이에 대응해 미국은 '제3차 상쇄전략'을 발표하며 AI를 국방과학기술의 핵심으로 삼았습니다. 미국 국방부는 AI, 빅데이터, 클라우드 컴퓨팅 투자를 2011년 56억 달러에서 2016년 74억 달러로 늘렸습니다.

2025년 들어 이런 경쟁은 더욱 격화되고 있습니다. 도널드 트럼프 대통령은 취임 직후 오픈AI CEO 샘 올트먼, 오라클(Oracle), 소프트뱅크 그룹 등과 함께 2029년까지 총 5000억 달러를 투자하는 '스타게이트 프로젝트'를 발표했습니다. 이 프로젝트는 대규모 AI 인프라 개발을 목표로 하며, 그 규모가 맨해튼 계획 [78]에 비유될 정도입니다.

기술패권 경쟁을 주도할 12대 국가전략기술

반도체 디스플레이
- 고집적·저항기반 메모리
- 고성능·저전력 인공지능 반도체
- 전력반도체
- 반도체 첨단패키징
- 차세대 고성능 센서
- 프리폼 디스플레이
- 무기발광 디스플레이
- 반도체·디스플레이 소재·부품·장비

이차전지
- 리튬이온전지 및 핵심소재
- 차세대 이차전지 소재·셀
- 이차전지 모듈·시스템
- 이차전지 재사용·재활용

첨단 모빌리티
- 자율주행시스템
- 도심항공교통(UAM)
- 전기·수소차

차세대 원자력
- 소형모듈형원자로(SMR)
- 선진원자력시스템·폐기물관리

첨단 바이오
- 합성생물학
- 유전자·세포 치료
- 감염병 백신·치료
- 디지털 헬스데이터 분석·활용

우주항공 해양
- 대형 다단연소사이클 엔진
- 우주관측·센싱
- 달착륙·표면탐사
- 첨단 항공가스터빈 엔진·부품
- 해양자원탐사

수소
- 수전해 수소생산
- 수소 저장·운송
- 수소연료전지 및 발전

사이버 보안
- 데이터·AI 보안
- 디지털 취약점 분석·대응
- 네트워크·클라우드 보안
- 산업·가상융합 보안

인공지능
- 효율적 학습 및 AI인프라 고도화
- 첨단 AI 모델링·의사결정(자·판단·추론)
- 안전·신뢰 AI
- 산업 활용·혁신 AI

차세대 통신
- 5G 고도화(5G-Adv)
- 6G
- 오픈랜(Open-RAN)
- 5G·6G 고효율 통신부품
- 5G·6G 위성통신

첨단로봇 제조
- 로봇 정밀제어·구동 부품·SW
- 로봇 자율이동
- 고난도 자율조작
- 인간·로봇 상호작용
- 가상제조

양자
- 양자컴퓨팅
- 양자통신
- 양자센싱

12대 국가전략기술. [과학기술정보통신부 제공]

---

78) 맨해튼 계획(Manhattan Project): 제2차 세계대전 중 미국이 원자폭탄 개발을 위해 추진한 대규모 과학 프로젝트. 당시로서는 상상할 수 없는 규모의 자원과 인력이 투입되었다.

우리나라도 이런 국제적 경쟁에서 뒤처질 수 없는 상황입니다. 과학기술정보통신부는 2025년 12대 국가전략기술 분야에 전년 대비 30% 늘어난 6조 4000억 원을 투자하기로 했습니다. 특히 AI, 첨단 바이오, 양자 등 3대 게임체인저 분야를 중점 육성 대상으로 삼았습니다.

현재의 AI 기술 경쟁은 단순한 기술 개발을 넘어서 국가 경쟁력과 안보에 직결된 문제가 되었습니다. 미국, 중국을 비롯한 주요 국가들은 AI를 국가 경쟁력과 미래전의 양상을 바꿀 수 있는 핵심기술 및 게임체인저로 판단하고 있습니다.

미국은 세계 최고 수준의 혁신 기술과 R&D를 바탕으로 민간 주도의 AI 산업을 선도하고 있습니다. 구글, 마이크로소프트, 아마존, 애플 등 글로벌 IT 기업들이 AI 연구개발과 투자를 주도하는 한편, 정부는 민간이 투자하기 어려운 기초 연구와 공공 영역에 집중하는 역할 분담 체계를 구축했습니다.

반면 중국은 정부 주도로 관련 생태계를 조성하며 미국을 바짝 추격하고 있습니다. 중국제조 2025 정책을 발표한 이래 '차세대 인공지능 발전계획', '차세대 인공지능 산업 발전 촉진 3개년 행동계획' 등을 차례로 발표하며 AI 기술혁신과 산업발전에 정책역량을 집중해 왔습니다.

최근에는 중국 기업이 개발한 AI 언어모델 딥시크가 미국의 대중 반도체 수출통제에도 불구하고 빅테크 기업의 10분의 1 수준의 개발비용으로 챗GPT와 비슷한 성능을 내며 전 세계 AI 판도를 뒤흔들어 놓았습니다. 이는 AI 분야에서 후발주자였던 중국이 10년도 채 되지 않아 전통적 강자인 미국과 어깨를 견줄 정도로 성장했음을 보여 주는 상징적 사건이었습니다.

국제에너지기구가 발표한 「2024년 전력 현황: 2026년까지의 분석과 전망」 보고서는 AI 시대의 전력 수요 급증에 대한 충격적인 전망을 제시했습니다. 그 수치를 보면 실감이 납니다. 2022년 전 세계 데이터센터에서 사용된 전력은 460TWh였지만, 2026년에는 620~1050TWh까지 늘어날 것으로 분석했습니다.

조성배 교수는 국제에너지기구의 전망보다도 더 심각한 예측을 제시했습니다. 2023년 대비 2026년까지 AI 분야의 전력 소모량이 최소 10배는 늘어날 것이며 AI 산업 전체의 전력 수요가 연간 100TWh 이상으로 급증할 것으로 예상된다고 분석했습니다.

이는 2024년 한국의 전체 전력 소비량인 약 549.81TWh의 6분의 1을 초과하는 양입니다. 즉, AI 산업만으로도 한국 전체 전력 소비량의 18% 이상을 차지하게 될 것이라는 예측입니다.

미국의 비즈니스 자문회사 가트너는 2024년 보고서를 통해 더욱 구체적이고 심각한 경고를 발표했습니다.

"생성형 AI를 구현하기 위한 신규 하이퍼스케일 데이터센터의 폭발적인 성장은 끝없는 전력 수요를 만들어 내고 있습니다. 이는 극적으로 에너지 가용성을 저해하고 전력 부족으로 이어질 위험이 있습니다. 2026년부터는 생성형 AI와 다른 용도를 위한 신규 데이터센터 구축에 악영향을 미칠 수 있습니다."

가트너는 2027년까지 기존 AI 데이터센터의 40%에서 전력 가용성 문제가 발생할 것이라며 생성형 AI 도입을 위한 신규 초대형 데이터센터의 급증이 전력 부족 위험을 높이고 있다고 밝혔습니다.

가트너는 향후 2년간 데이터센터의 전력 소비량이 160%까지 늘어날 것이라고 전망했습니다. 2027년 기준 데이터센터가 AI 최적화 서버를 운영하기 위한 필요 전력은 연간 500TWh에 달할 것으로 예상했습니다. 이는 2023년 대비 2.6배 늘어난 수치입니다.

이를 우리나라와 비교해 보면 그 규모가 실감납니다. 대한민국 전체 연간 전력 소비량이 약 520TWh인 점을 고려하면, AI 데이터센터들만으로 한국 전체와 비슷한 전력을 쓰게 된다는 뜻입니다.

현실적 해법을 찾는 노력

이런 기후정책과 AI 발전의 충돌에 대해 전문가들은 다양한 해결책을 제시하고 있습니다. 정수종 교수는 이런 상황에 대해 현실적인 접근이 필요하다고 강조했습니다.

정수종 교수는 전남 AI 데이터센터 프로젝트를 예로 들었습니다. 전남이 생기는 게 되게 중요한 포인트라는 것입니다. 여러 가지 이슈들이 많이 있지만 사실 사람들한테 제일 와닿는 것은 경제이기 때문입니다.

정수종 교수는 기후 위기보다 더 경제가 중요하다고 생각하고, 경제를 얘기할 때 지역의 경제, 그다음에 지역의 문제인 저출산, 청년이 없다 보면 다 일자리가 없는 것이라고 전했습니다. 환경 보호와 경제 발전 사이의 균형점을 찾는 것이 얼마나 어려운 일인지를 보여주는 대목입니다.

하지만 동시에 기존 고탄소 산업의 쇠퇴도 지적했습니다. 지금 고탄소 산업 중심 도시들이 어떻게 되었는지 보라는 것입니다. 울산이나 다 무너지고 있습니다. 부산, 울산 그런 고탄소 기반의 지역들은 다 무너지고 있고 청년이 다 빠져나가고 있다고 현실을 진단했습니다.

이런 분석을 바탕으로 정수종 교수는 새로운 접근 방식을 제안했습니다. 지금 해야 할 것은 기후테크[79]라는 것들을 보는 것이라고 했습니다.

지금 탄소 배출을 하지 않거나 기후 리스크를 줄이면서 경제적으로 수익을 얻을 수 있는 산업을 새롭게 키워야 된다고 강조했습니다.

정수종 교수는 딜레마 상황에서의 정책적 방향성을 제시했습니다. 가장 좋은 것은 거기에 재생에너지를 의무적으로 할당해 놓는 할당제와 프랑스처럼 탄소 배출량을 보고하게끔 하면 되게 선진적으로 가는 것이라고 제안했습니다.

> "기후테크를 빠르게 지역에 유치를 해서 성장하는 산업으로 만들고, 다시
> 그 성장에 필요한 동력인 젊은이들을 끌어들이면 지역이 부활할 수 있습
> 니다. 이러한 작업이 하나의 마중물이 될 수도 있습니다."

실제로 프랑스에서는 2023년부터 데이터센터들이 탄소 배출량 보고를 의무화했습니다. 이런 정책은 기업들이 자발적으로 에너지 효율화와 재생에너지 사용을 확대하도록 유도하는 효과가 있습니다.

탄소 배출량 보고 의무화의 효과도 살펴볼 필요가 있습니다. 얼마

---

79) 기후테크(Climate Tech): 기후 변화 문제를 해결하는 동시에 경제적 가치를 창출하는 기술과 산업. 재생에너지, 에너지 저장, 탄소 포집 등이 대표적이다.

나 배출하고 그런 것들이 많이 배출한다고 알려지면 좋은 게 아니기 때문입니다. 기업의 할당량에도 문제가 있고 또는 기업의 이미지에도 문제가 있고 투자받을 때도 안 좋고 여러 가지 공시에도 나쁘게 작용할 수밖에 없다며 시장 메커니즘을 통한 자율적 규제의 효과를 강조했습니다.

정수종 교수는 이런 도전을 새로운 기회로 전환할 수 있다고 봤습니다.

> "그런 것들을 생각하면 어느 정도 그런 새로운 모범 사례를 만드는 것도 되게 중요하지 않을까요. 그런 것을 했을 때 진짜로 이게 한국이 인공지능 강국이라는 것은 이게 나쁜 영향을 무시하고 가는 게 아니라 것들을 처음 시작할 때부터 발생할 수 있는 기후 변화에 대한 우려를 끌고 간다라고 하면 굉장한 리더십이 되는 것입니다."

전라남도의 AI 데이터센터 프로젝트는 새로운 모델이 될 수 있는 잠재력을 가지고 있습니다. 전남은 태양광과 풍력 등 재생에너지 자원이 풍부한 지역입니다. 정수종 교수는 전남 같은 경우에는 태양광도 풍부하고 지금 전기 태양광도 많이 약간 남아서 많다고 했습니다. 그다음에 거기 신안 쪽에 해상 풍력도 가려고 하는 것 같고, 사실 그런 것과 좀 잘 맞추면 뭔가 세계를 선도하는 모델이 될 수도 있다고 긍정적으로 평가했습니다.

인류의 시험대

정수종 교수는 현재 상황을 석유 시대와 비교하며 인류의 성숙함을 강조했습니다.

> "우리가 인류가 경험한 게 석유가 똑같은 것입니다. 석유 산업을 통해서 우리는 석유라는 에너지를 통해서 화석 연료를 통해서 인류가 이렇게 문명이 발달하고 경제 성장하고 우리가 이만큼 인류가 성장한 것입니다. 우리는 그때 이 석유가 사이드 이펙트 기후 변화를 가져올 거라는 건 아무도 예상 못 했습니다."

정수종 교수는 현재 인류의 책임을 강조했습니다. 지금 인류가 그만큼 성숙했고 우리가 인공지능은 사이드 이펙트가 있다고 하면 같이 가야 한다는 것입니다. 이 사이드 이펙트를 줄이는 기술과 이것을 이용해서 우리가 더 성장하는 것들을 같이 가야 합니다. 같이 가야지 과거의 인류와 현재 인류의 차이라는 것입니다. 분명히 우리는 그렇게 가야 한다고 강조했습니다.

그러면서 기술 발전의 역사적 패턴을 언급하며 희망적인 전망을 제시했습니다. 전기차가 처음 나왔을 때 운행 거리, 배터리 용량이 엄청 큰 이슈였다고 했습니다. 지금 어떻게 되었는지 보면, 생각보다 많이 줄었고 배터리 충전 시간도 짧아지고 배터리 충전 운행 시간도 길어지고 운행 거리가 그만큼 늘어났습니다.

노트북의 예시도 들었습니다. 옛날에 노트북이 자신이 대학교 다닐 때 지금보다 한 3배 정도 두께였고, 한 번 충전하면 2시간 정도 쓰면 오래 썼다고 했습니다. 지금은 하루 종일 안 끄고 나도 쓰지 않나요. 그렇게 기술이 발달한 것이라며 기술 혁신의 가능성을 강조했습니다.

미래에 대한 낙관적 전망도 제시됩니다. 지금은 우리가 이 이슈가 있기 때문에 이것을 정확하게 인지를 해야 되고, 이것을 우리가 효율을 높이고 저전력화 시키는 쪽으로 가면 장기적으로 봤을 때도 인공지능이 새로운 세상을 열어 주지 않을까 하는 기대를 하고 있다고 정수종 교수는 전했습니다.

앞으로 기후 변화 대응은 단순히 화석연료를 재생에너지로 바꾸는 것을 넘어서, AI 시대의 폭증하는 전력 수요를 어떻게 지속 가능하게 충족할 것인가라는 근본적인 질문에 답해야 합니다.

아누즈 파타니아 네덜란드 암스테르담대학교 병렬 컴퓨팅 시스템(PCS) 그룹 조교수는 이러한 '죄수의 딜레마' 상황에서 벗어나려면 국제적 협력과 새로운 규제 체계가 필요하다고 주장했습니다. 프랑스의 탄소 배출량 보고 의무화나 아일랜드의 데이터센터 전력망 연결 제한 같은 정책들이 그 출발점이 될 수 있습니다.

정수종 교수가 제시한 전남 모델처럼, 재생에너지가 풍부한 지역에 AI 데이터센터를 짓고 처음부터 기후 영향을 고려한 설계를 한다면 새로운 모범 사례가 될 수 있습니다. 이는 환경 보호와 경제 발전, 기술 혁신을 동시에 추구하는 21세기형 발전 모델이 될 수 있습니다.

김창익 교수가 비유한 '브레이크 없는 자전거'처럼 현재는 멈춰야 한다는 걸 알면서도 멈출 수 없는 상황입니다. 하지만 정수종 교수가 강조한 대로, 과거 석유 시대와 달리 우리는 이미 사이드 이펙트를 알고 있습니다. 이제 인류의 성숙함을 보여줄 때가 온 것입니다.

파리협정의 약속을 지키면서도 디지털 혁신을 이어가기 위한 새로운 접근방식이 시급히 필요한 시점입니다. AI가 가져다주는 혁신과 기후 보호 사이의 균형점을 찾는 것, 그것이 현재 인류가 직면한 가장 중요한 과제 중 하나가 되었습니다.

우리가 상상하지 못한 속도로 변화하는 이 시대에, 파리협정의 꿈은 새로운 현실과 마주하고 있습니다. 이제는 단순히 화석연료를 끊는 것을 넘어서, 미래 기술과 기후 보호가 함께 갈 수 있는 길을 찾아야 할 때입니다.

2015년 12월 12일, 파리. 195개국이 만장일치로 채택한 파리기후협약은 인류의 새로운 약속이었습니다. 지구 평균온도 상승을 2℃, 나아가 1.5℃로 제한하겠다는 야심찬 목표. 그로부터 10년이 지난 지금, 우리는 어디에 와 있을까요?

파리협약 이후 재생에너지는 놀라운 성장을 보였습니다. 2015년 전 세계 전력의 1.1%였던 태양광은 2023년 5.5%로, 풍력은 3.5%에서 7.8%로 증가했습니다. 하지만 이 모든 성과를 무력화시키는 변수가 나타났습니다. 바로 데이터센터입니다. 국제에너지기구(IEA)의 전망은 명확했습니다. 전 세계 데이터센터 전력 소비는 2022년 460TWh에서 2026년 1천TWh로 2배 이상 급증할 것이라고 했습니다. 조성배 연세대 교수는 더 충격적인 전망을 내놨습니다. "2026년까지 AI 전력 소모량은 최소 10배 증가할 것"이라고요.

아누즈 파타니아 암스테르담대 교수와의 인터뷰는 이 문제의 본질을 깨닫게 했습니다. "이건 죄수의 딜레마입니다. AI를 안 쓰면 경쟁에서 뒤처지고, 경쟁자가 쓰면 따라갈 수밖에 없어요." 그의 말은 정확했습니다. AI는 이제 선택이 아닌 생존의 문제가 되었습니다.

한국의 상황도 다르지 않습니다. 2020년 156개였던 데이터센터가 연간 10%씩 성장하고 있고, 전남에는 3GW급 초대형 AI 데이터센터 건설이 추진되고 있습니다. 지방자치단체들은 데이터센터 유치 경쟁에 뛰어들었고, 이는 전력망에 큰 부담을 주고 있습니다.

취재하면서 가장 착잡했던 순간은 이런 생각이 들었을 때입니다. '우리는 한 손으로는 탄소중립을 외치면서, 다른 손으로는 탄소배출을 늘리고 있구나.'

다만, 정수종 서울대 교수의 말이 희망의 실마리를 제시했습니다. "우리가 석유를 쓸 때도 처음에는 환경 문제를 몰랐지만, 지금 AI는 우리가 미리 알고 있으니까 이번엔 다르게 할 수 있을 것"입니다.

파리협약의 약속과 AI 시대의 현실 사이에서, 우리는 새로운 길을 찾아야 합니다. 과거처럼 환경을 희생하며 발전할 수는 없습니다. 늦었지만, 아직 늦지 않았습니다. 지금 당장 시작해야 합니다.

제본스 패러독스의 현대적 재현

컴퓨터에서 노트북으로, 노트북에서 다양한 전자기기를 사용하며 점차 전력 사용량이 늘어나는 제본스의 역설을 나타낸 그림. [AI 생성]

과학기술의 눈부신 발전이 우리에게 언제나 장밋빛 미래만을 약속하지는 않습니다. 오히려 기술이 진보할수록 인류의 앞길이 더욱 창창하게 빛날 것이라는 우리의 소박한 예상과 기대는 번번이 부서지곤 했습니다. 기술은 문제를 해결하는 동시에, 우리가 예상치 못한 새로운 문제를 낳기 때문입니다.

그 중에서도 우리가 반드시 주목해야 할 현상이 하나 있습니다.

바로 '제본스의 역설'[80]입니다. 150년 전의 낡은 경제학 이론처럼 보이는 제본스의 역설이란 도대체 무엇인지, 그 구체적인 내용을 살펴볼 필요가 있습니다. 그 이름이 21세기 오늘날, AI로 뒤덮이는 최첨단 기술 시대에 부활하고 있기 때문입니다.

싸면 더 쓴다

19세기 중반 산업혁명 시대 석탄을 연료로 운행하는 열차의 모습을 나타낸 그림. [국가철도공단 제공]

시계를 거꾸로 되돌려 19세기 중반, 산업혁명의 시대 '영국'으로 가 보겠습니다. 1865년, 영국의 경제학자 윌리엄 스탠리 제본스는

---

80) 제본스의 역설(Jevons Paradox): 에너지 효율이 높아져 자원 사용량이 줄어들 것처럼 보여도, 오히려 사용이 늘어나 전체 소비가 증가하는 현상을 뜻한다.

당대의 상식을 뒤흔드는 한 권의 책을 발표합니다. 바로 『석탄 문제: 국가의 발전과 우리 탄광의 고갈 가능성에 관한 조사』입니다.

당시 영국은 증기기관 기술의 혁신으로 빠른 발전을 이룩하고 있었습니다. 제임스 와트가 개량한 증기기관은 기술 개발을 거듭하며 효율이 개선되었습니다. 기술자들은 더 적은 석탄으로도 기차를 더 멀리 보내고 공장을 더 오래 돌릴 수 있게 되었다고 자부했습니다. 그러니 상식적으로 생각하면, 기술의 효율이 높아졌으니 국가 전체의 석탄 소비량은 점차 줄어들어야 했습니다.

하지만 제본스가 마주한 현실은 전혀 달랐습니다. 그는 기술이 발전하여 석탄 사용의 '효율성'이 높아지고 있음에도 불구하고, 영국의 총 석탄 소비량은 오히려 폭발적으로 증가하는 이상한 현상을 발견했습니다. 찬찬히 데이터를 분석한 그는 역설적인 결론을 내립니다.

> "연료를 싸게 사용한다고 해서 그것이 실제로 소비량 감소로 이어진다고
> 생각해서는 안 된다."

이처럼 효율적인 기술이 등장해 자원 투입 비용을 낮추었음에도 총사용량이 오히려 증가하는 이유는 크게 두 가지였습니다.

첫째, 신규 수요 창출입니다. 석탄의 가격이 저렴해지자 이전에는 비싸서 증기기관을 사용하지 못했던 소규모 공장들까지 기계를 도입하기 시작했습니다.

둘째, 새로운 용도로의 확대입니다. 값싸고 강력해진 증기기관은 기차와 공장을 넘어, 배를 움직이고, 밭을 가는 기계를 만드는 등 이전에는 생각지 못했던 새로운 용도로 널리 퍼져 나갔습니다.

그가 분석한 수치를 보면 실감이 납니다. 19세기 초반부터 영국의 인구가 약 4배 이상 증가할 때, 석탄 소비는 16배 이상 증가했습니다. 기계 하나하나가 소비하는 석탄의 양은 줄었지만, 그 기계의 수가 폭발적으로 늘어나고 쓰임새가 다양해지면서 전체 소비량은 오히려 급증한 것입니다.

이를 통해 제본스는 '역설이 발생했다'고 주장했습니다. 즉, 자원 사용의 효율성이 증가할수록, 역설적으로 그 자원의 총사용량 또한 증가한다는 설명이었습니다. 막연하게 더 효율적인 기술 개발만이 인류를 구원할 것이라 믿었던 당시 학계와 연구자들에게 경종을 울린 순간이었습니다. '더 좋게 만드는 것'만으로는 충분하지 않다는, 어쩌면 더 위험할 수 있다는 섬뜩한 통찰이 역사에 처음으로 제기된 것입니다.

이러한 제본스의 역설은 다양한 분야에서 빈번하게 발생하는 문제적 현상으로 떠올랐습니다. 먼저 제본스가 역설을 처음 주장한 산업 분야에서 석탄 이외의 사례들이 등장했습니다.

가장 대표적인 사례가 교통·수송 분야입니다. 연비가 좋은 차량을 쓰면 연료 사용이 줄어들어 온실가스 배출량이 줄어들어야 하지만, 실제로는 주행거리가 더 늘어나 온실가스 배출량도 증가하는 역설이 나타납니다.

김창익 교수의 설명을 보면 상황이 명확해집니다. 휘발유로 가는 최신식 자동차의 연비가 좋아져 주행 비용이 저렴해졌을 때, 사람들이 절감된 비용만큼 아끼는 것이 아니라 과거에는 차를 몰고 가지 않던 곳까지 차를 이용하는 등 결과적으로 총사용량이 오히려 늘어나는 것입니다.

이는 실증 연구 결과로도 입증된 내용입니다. 에너지경제연구원의 「에너지 효율 리바운드 효과와 온실가스 감축」 보고서에 따르면, 연비 증가로 인해 직접적으로 절감되는 온실가스양은 2.39t이어야 했습니다. 하지만 실제로 줄어든 온실가스양은 1.66t에 불과했습니다. 제본스의 역설에 따라 주행거리가 늘어나 약 30%(0.73t)의 역설이 국내에서 발생했다는 결과였습니다.

더 놀라운 것은 연비가 급격하게 좋아질수록 제본스의 역설 크기 또한 증가한다는 점입니다. 해당 보고서에서는 제본스 역설로 인한 효과가 최대 40% 이상까지 나타날 수 있음을 경고했습니다.

LED의 배신

산업 분야를 넘어 일반 가전용품들을 사용하면서도 이와 같은 제본스의 역설은 종종 나타나고 있습니다. 국제에너지기구가 발표한 「에너지 효율성 보고서 2023」에 따르면, 발광다이오드(LED)[81] 같은 효율적인 조명 기구가 등장했음에도 전력 소비가 늘어나 이산화탄소 배출량은 늘었습니다. 국제에너지기구는 에너지 효율 개선으로 단기적으로 비용이 낮아져 조명 사용 시간이 늘어난 결과로 풀이했습니다.

---

81) 발광다이오드(LED, Light Emitting Diode): 전기를 통과시키면 빛을 내는 반도체 소자로, 에너지 효율이 높고 수명이 길어 조명과 전자기기 화면 등에 널리 쓰인다.

2022년 국제에너지기구가 조사한 바에 따르면 전 세계에서 판매되는 주거용 조명의 절반가량이 LED 조명입니다. 10년 전부터 백열등, 형광등과 같이 전기가 많이 필요한 제품은 더 이상 잘 팔리지 않습니다. 이렇게 LED가 조명 분야의 핵심 기술로 자리 잡으면서 전기 효율적인 가전제품들이 우리 삶에 본격적으로 들어오기 시작했습니다.

하지만 조명 관련 전력 소비는 오히려 늘어났습니다. 주거와 산업을 모두 포함해 조명기구들이 쓰는 전력량은 꾸준히 증가하는 추세입니다. 2020년 1219.24TWh에서 2021년 1242.18TWh, 2022년 1268.68TWh로 점차 늘어났습니다. 그에 따른 이산화탄소 배출량 역시 2020년 819.25Mt에서 2021년 841.49Mt, 2022년 843.31Mt로 증가했습니다.

건축 기술에서도 제본스의 역설이 등장한 사례가 있습니다. 지난 2020년 독일 주택 및 부동산 회사 연방 협회(GdW)는 연례 보고서를 통해 놀라운 사실을 발표했습니다. 지난 10년간 주택 단열 개조를 위해 3400억 유로를 투자해 에너지 효율을 높이는 기술 개발이 이뤄졌으나, 난방 에너지 소비량은 정체 상태 그대로 유지되고 있다는 것입니다.

건축 기술의 발달로 추운 겨울에 집을 따뜻하게 유지할 수 있는 기술이 발전할수록 사람들이 집 온도를 더 높여 에너지 사용이 늘어난 제본스의 역설이 드러난 결과였습니다. 이처럼 기술 개발이 에너지 효율을 이끌어도 에너지 단가가 하락하면서 사람들은 이전보다 더 많거나 새로운 용도로 에너지를 쓰게 되면서 효율화 효과가 금방 사라지게 되는 사례들이 곳곳에서 발견되고 있습니다.

AI발, 제본스의 역설

문제는 이러한 제본스의 역설이 AI 분야에서 다시 스멀스멀 나타나고 있다는 점입니다. 마이크로소프트 사티아 나델라 최고경영자는 자신의 SNS에 "제본스의 역설이 다시 발생하고 있다!"라고 적었습니다. 그러면서 위키피디아에 있던 '제본스의 역설' 설명란을 공유했습니다. 해당 링크에는 AI가 더 효율적이고 저렴해지면 그 사용이 급증하여, 결과적으로 총에너지 소비량을 더욱 증가시킬 것이라는 취지의 설명이 덧붙어 있었습니다.

이제 문제는 AI로 옮겨왔습니다. AI 기술은 과거의 그 어떤 기술보다도 빠른 속도로 발전하고 저렴해지고 있으며, 동시에 훨씬 더 많은 영역으로, 더 깊숙하게 우리 삶에 파고들고 있습니다. 이는 제본스의 역설이 발생하기 위한 최적의 조건을 갖추어졌음을 의미합니다.

다양한 국내외 전문가들에게 '제본스의 역설'에 대해 물었을 때, 전문가들의 답변은 놀라울 정도로 일관된 내용이었습니다. 단기적으로 제본스의 역설이 AI 분야에서 나타날 가능성이 높다는 인식이 지배적이었습니다. 더 값싸지고 사용하기 편리해진 AI 서비스는 필연적으로 더 많은 소비로 이어질 것이기 때문입니다.

전문가들이 제기하는 가장 큰 우려는 전력 문제였습니다. 더 값싸지고 사용하기 편리해진 상황은 더 많은 소비로 이어집니다. 실제로 우리나라의 경우, 1인당 전력 소비량은 증가하는 추세입니다.

한국전력거래소가 밝힌 2023년 1인당 전력 소비량은 1만 637kWh였습니다. 약 10년 전인 2014년 1인당 전력 소비량은 9305kWh였습니다. 10년간 약 12%(1332kWh) 늘어났습니다. 인구가 1000만 명을 넘는 OECD 21개 회원국의 1인당 연평균 전력 소비량은 6810kWh 인데, 한국은 이보다 약 60% 이상 많았습니다. 우리나라는 전력 소비량이 많은 나라 축에 속하면서도, 계속해서 전력 사용량은 늘어나고 있는 셈입니다.

전력이 아니라 전력을 포함하는 '에너지'로 시선을 확장해 보면 상황이 더욱 심각해집니다. 단순히 전력의 문제가 아니라 에너지의 문제에서도 제본스의 역설은 그대로 적용됩니다. 전 세계 디지털 분야에서 최종 에너지 소비량 역시 증가했습니다. 프랑스의 싱크탱크 '더 시프트 프로젝트'에 따르면, 2015년에서 2019년까지 매년 6.2%씩 증가했습니다. 더 나아가 이들은 세계가 디지털 소비 패턴을 바꾸지 않으면 2025년까지 에너지 소비량이 매년 6.5~9.8%까지 더 빨라질 것으로 예측했습니다.

이 분야를 오랫동안 연구했던 김병권 연구위원은 제본스의 역설을 제어해야 AI가 기후나 전력에 미치는 부담을 줄일 수 있다고 당부했습니다. 김병권 연구위원의 말을 뒤집어서 해석하면, '제본스의 역설을 막지 못할 경우 전력과 기후에 부담이 갈 수밖에 없다'는 비관적인 예측이라는 것을 쉽게 알 수 있습니다.

또 다른 이 분야의 해외 전문가인 파타니아 조교수는 앞으로 전력은 더 많이 사용될 것이며 제본스의 역설은 AI의 영역에서 똑같이 입증되고 있지만, 정확한 해결책이 없는 상황이라고 설명했습니다. 우리가 지금 제본스의 역설을 막지 못한다면, AI는 결국 기후 재앙을 앞당기는 가속 페달이 될 것입니다.

게임 이론으로 본 AI 경쟁

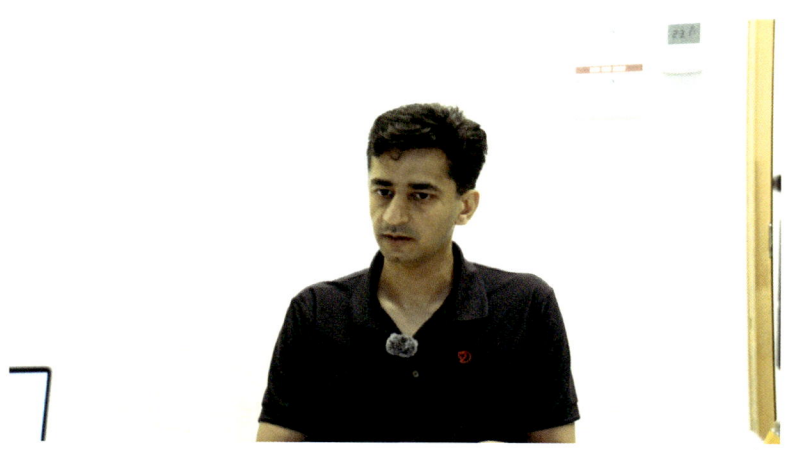

아누즈 파타니아 네덜란드 암스테르담대학교 병렬 컴퓨팅 시스템(PCS) 그룹 조교수. [노컷뉴스 제공]

그러면서 파타니아 조교수는 AI 분야에서의 전력 역설을 게임이론으로 설명했습니다. 그가 밝힌 게임이론의 원리는 단순합니다. 제한된 자원을 두고 서로 경쟁하는 상황에서 마치 게임처럼 각자가 이익을 추구한다는 뜻입니다. 게임 내 참여자의 선택이 다른 게임 참여자의 선택에 반드시 영향을 미치는 구조를 상정한 방식입니다.

예를 들어 제한된 자원이 주어진 게임에서, 게임 참여자들은 각자의 이익을 추구합니다. '이 기회를 잡지 않으면 경쟁자가 차지할 것'

이라는 생각에 너도나도 AI 개발과 서비스 확장에 뛰어들게 됩니다. 그 결과, 게임 참여자는 단기적인 이익을 얻을지 몰라도, 사회 전체적으로는 전력 자원이 고갈되고 환경이 파괴되는, 즉 모두가 패배하는 비극적인 결말을 맞이하게 된다는 것입니다.

AI를 게임 이론에 대입하면 AI를 개발하기 위한 기초 자원인 '전력'이 핵심 문제로 부상할 수밖에 없다는 사실이 자명합니다. 그리고 이 지점에서 전문가들이 제기하는 두 번째 문제인 '연결고리'를 고려해야 합니다. 저렴한 기술이 총사용량의 증가로 이어져 전력 소모를 늘리고, 환경에 악영향을 주는 이 흐름을 우리 모두가 이해해야 한다는 겁니다. 또한 악영향을 주는 방향대로 이끌리고 있음을 알 수 있어야 한다는 뜻이기도 했습니다.

정수종 교수의 설명을 보면 문제의 심각성이 드러납니다.

"개발자인 지인들 중에서도 여전히 AI와 기후 변화와의 상관성을 이해하지 못하는 경우가 많습니다. 기후 변화를 가속하는 고탄소 기반 에너지 과소비라는 것을 우리가 알아야 합니다."

눈에 보이지 않는 무형의 자원들을 실질적인 연계과정으로 이끌어 낼 수 있는 힘이 필요한 셈입니다. AI를 사용하는 우리의 편리한 클릭 한 번이, 지구 반대편의 기온을 높이는 전력 소비와 연결되어 있다는 사실을 아직 제대로 인식하지 못하고 있는 겁니다.

이렇게 제본스의 역설이 해결되지 않고 시대마다 반복되는 이유는 무엇일까요. AI와 환경의 연결고리가 잘 이어지지 않는 이유를 '사회학적 상상력'에서 찾아볼 수 있습니다.

1959년 미국의 사회학자 찰스 라이트 밀스(Charles Wright Mills)는 『사회학적 상상력』이라는 책을 펴냅니다. 이 책에서 밀스는 '사회학적 상상력'을 '단순히 개인의 경험을 넘어 사회 전체를 통찰하는 능력'이라고 정의했습니다. 나의 개인적인 경험과 선택이 사실은 훨씬 더 큰 사회 구조와 역사적 흐름 속에서 어떤 의미를 갖는지 생각할 수 있어야 한다는 겁니다.

특히 밀스는 개인의 삶과 사회의 변화를 동시에 이해하지 않고서는 어느 하나도 제대로 이해할 수 없다고 주장했습니다. 개인이 겪는 사적인 문제가 사실은 거대한 공적인 문제가 반영된 결과일 수도 있다는 사실을 강조한 것입니다. 개인의 삶을 둘러싼 사회 구조를 이해하면서 개인의 삶을 보다 객관적으로 이해하고 파악할 수 있는 이론적 바탕을 제공하여 학계에 큰 영향을 끼쳤습니다.

이를 제본스의 역설과 연관 지어 생각해 보면 소비에서 환경으로의 단단한 연결고리를 만들어 낼 수 있습니다. 값싸진 기술을 더 많이 이용하는 것은 단순히 개인의 차원에 머무른다고 착각하기 쉽습니다. 억지로 상상력을 동원하지 않는다면, 게임이론에 나오는 게임 참여자처럼 눈앞의 이익에 몰두할 것이기 때문입니다.

하지만 개인의 과소비가 사회적 악영향으로 이어진다는 상상력을 펼쳐낼 수 있어야 합니다. 값싸진 AI 기술을 더 많이 사용하는 것은 언뜻 지극히 개인적인 선택처럼 보입니다. 하지만 사회학적 상상력을 발휘한다면, 그 선택이 결코 개인의 차원에 머무르지 않음을 알 수 있습니다. 나의 질문 하나, 이미지 생성 요청 하나가 데이터센터의 서버를 돌리고, 그 서버는 발전소의 터빈을 돌리며, 그 터빈은 결국 대기 중으로 온실가스를 내뿜는 거대한 연쇄 반응이 일어난다는 사실을 상상해 내야 합니다. 개인의 사소한 행위가 모여 사회적, 환경적 문제를 야기한다는 이 전체적인 그림을 볼 수 있을 때, 우리는 비로소 제본스의 역설이 파 놓은 함정에서 벗어날 실마리를 찾을 수 있습니다.

김병권 연구위원은 주식 시장 반응을 통해 제본스의 역설이 여전히 유효함을 설명했습니다. 아무리 놀라운 기술이 등장해도 전력회사의 주가가 떨어지지 않고 유지되고 있다는 사실을 떠올려 보라고 주장했습니다. 획기적인 AI가 개발되어도 글로벌 전력회사들의 주식은 하락하지 않았습니다. 새롭게 효율적인 기술이 등장하면 전력을 많이 쓰지 않을 것이란 기대로 인해, 사람들이 전력 회사들의 주식을 팔면서 주가가 떨어져야 하는데 그렇지 않았다는 것입니다. 시장은 제본스의 역설이라는 개념은 모를지라도, 수요 자체는 떨어지지 않을 것이라는 기대가 이미 팽배하다는 설명이었습니다.

딥시크 쇼크

그렇다면 반복되는 비극의 고리를 끊어 낼 해결책은 없는 것일까요? 과도한 전력 소비로 인한 환경 파괴가 우려되는 상황을 타개할 방법을 찾지 못한다면 비극은 반복될 것이 불 보듯 뻔합니다. 전문가들은 두 가지 방향에서 희망을 이야기합니다.

전문가들은 우선 기술적인 해결책을 빼놓지 않았습니다. 제 아무리 제본스의 역설이 기술 발전의 효율성을 상쇄시킨다 할지라도, 기술 발전의 속도를 무시하지 않기 때문입니다. 총사용량의 증가량을 뛰어넘을 정도로 압도적인 수준의 기술 개발을 통해 제본스의 역설을 해결하는 방법이 있다는 주장입니다. 이러한 기술 해결책으로 손꼽히는 실제 사례가 바로 중국에서 개발된 AI 모델 '딥시크 R1'입니다.

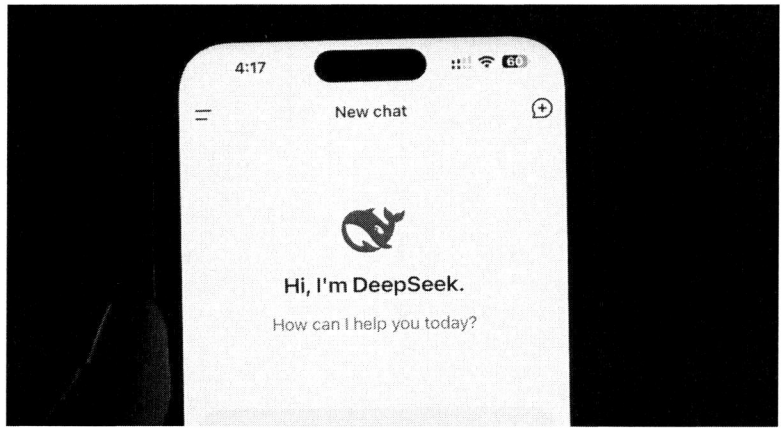

딥시크 접속 화면. [AI 생성]

중국의 인공지능 스타트업 딥시크(DeepSeek)는 2023년 7월 설립됐습니다. 고작 150여 명 내외의 소규모 연구개발 인력으로 운용되는 신생 회사였습니다. 딥시크는 지난 2025년 1월 AI 모델 R1을 내놓으며 AI 산업에 큰 충격을 주었습니다. 딥시크 R1은 매우 적은 개발 자원으로 세계적으로 뛰어난 인공지능의 성능에 뒤지지 않는 결과를 냈기 때문입니다. 심지어 딥시크 R1이 미국 애플 앱스토어 무료 앱 1위에 오르는 등 눈에 띌 만한 기염을 토하기도 했습니다.

비결은 입력 질문의 여러 요소 간 문맥 관계를 훨씬 더 효율적으로 처리하는 혁신적인 접근 방식이었습니다. 사용자가 던진 질문을 모두 담아내기 위해 애쓰는 것이 아니라, 가장 중요한 단어들에만 집중하고 나머지는 덜 신경 쓰는 방식으로 질문을 뜯어 분석하는 식이었습니다. 또한 출력하는 단어를 순차적으로 계산하지 않고 병렬적으로 계산하는 방식, 오픈 소스를 사용한 비용 감소, 한정된 분야에만 적용할 수 있는 모델 경량화 등 여러 요소가 결합되어 있었습니다.

석광훈 전문위원은 딥시크 충격을 두 가지 측면에서 정리했습니다. 첫째는 개발 단계입니다. 『뉴욕타임스』에 따르면, 딥시크 R1이 질문에 답하고 논리적인 문제를 해결하며, 자체적으로 프로그래밍을 해내는 능력은 기존에 출시된 AI 못지않게 우수했습니다. 또한 '수학 및 복합 추론' 문제에서 오픈AI의 최신식 AI 모델인 GPT-4o와 거의 동등한 수준의 성능을 보였다고 전해집니다.

AI를 개발하기 위해서는 GPU 성능이 매우 중요한데, 딥시크는 최신식 GPU를 원활하게 수급받기 어려운 상황이었습니다. GPU는 단순하고 병렬적인 작업을 처리할 때 꼭 필요합니다. 주방에서 지시를 내리는 주방장이 CPU라면, GPU는 동일한 크기로 단순하게 재료를 써는 보조 인원인 셈입니다. 특히 학습하고 처리해야 할 데이터가 엄청나게 늘어난 오늘날 AI 개발 시장에 GPU는 필수적입니다.

실제로 지금 세계에서 가장 고품질의 GPU를 만드는 기업은 미국의 엔비디아입니다. 하지만 미중 패권 전쟁으로 인해 미국 기업인 엔비디아는 중국에 최신식 GPU를 수출하지 않습니다. 따라서 중국 기업인 딥시크는 수출용으로 성능이 낮고 값싼 H800으로 딥시크를 개발해야 했습니다. 미국의 무역 제재를 중국의 딥시크가 오히려 기회로 승화시킨 꼴이었습니다.

그 결과 개발하는 데 쓴 비용이 크게 낮아졌습니다. 딥시크는 약 557만 6000달러(약 79억 원) 수준의 개발 비용이 든 것으로 추산되고 있습니다. 이는 메타가 최신식 AI 모델인 라마-3를 개발할 때 썼던 비용의 1/10 수준입니다.

석광훈 에너지전환포럼 전문위원. [노컷뉴스 제공]

시장은 딥시크의 등장으로 큰 충격을 받았습니다. AI 개발을 위한 최신식 GPU 등을 쓰지 않고도 충분한 성능을 낼 수 있다는 것을 직접 확인했기 때문입니다. 그래픽카드를 만드는 기업 엔비디아의 주가가 폭싹 내려앉았습니다. 엔비디아는 뉴욕 증시에서 전일 대비 16.97%나 하락했고, 시가총액이 하루 만에 약 6000억 달러(840조 원)가 증발했습니다. 엔비디아는 순식간에 시가총액 1위 자리를 내어 주고, 3위로 주저앉았습니다.

딥시크가 AI 후발 주자인 중국에서 자체적으로 태어나 계속해서 빠르게 발전하고 있다는 점을, 석광훈 전문위원은 두 번째 충격적인 이유로 꼽았습니다. 단순히 GPU 수급의 문제를 뛰어넘은 중국의 혁신적 기술 발전 사례로 손꼽을 수 있는 셈입니다. 딥시크의 창업자 량원펑은 해외 유학 경험이 없는 중국 내 인재를 딥시크에 대거 채용했습니다. 특히 1~2년 차의 젊은 개발자들을 집중적으로 불러들였습니다. 량원펑은 경험에 대한 직무보다 열정과 능력으로 혁신이 탄생하는 것이라는 생각을 한다고 밝혔을 정도로, 기존의 패러다임을 완전히 뒤바꾸는 전략을 선택했습니다.

석광훈 전문위원은 아무도 예측하지 못했던 딥시크의 등장처럼 무어의 법칙으로 소프트웨어 효율이 개선되는 수준은 앞으로 매우 빠를 수 있다고 설명했습니다. '무어의 법칙'에 따르면, 기술 혁신을 통한 제본스 역설 극복은 완전히 불가능한 이야기가 아닙니다.

따라서 같은 크기의 반도체에도 처리하는 속도와 저장 용량은 계속해서 증가하며, 반대로 비용은 점차 줄어드는 산업 혁신을 이룰 수 있다는 뜻이었습니다. 물론 최근 초미세공정으로 인해 트랜지스터끼리 발열, 양자 효과 등으로 더 이상 급격한 성능 향상은 이뤄지지 않습니다. 그럼에도 무어의 법칙은 지난 50년이 넘도록 IT 업계의 기술 발전을 이끌던 핵심 원리로 자리 잡았습니다. 석광훈 전문위원은 긍정적인 미래 전망을 내놓았습니다.

> "챗GPT, 딥시크 등의 소프트웨어와 GPU, 반도체 등의 하드웨어가 동시에 혁신한다면, 파괴적 혁신이 발생할 수 있습니다. 그러면 그에 따른 시장과 생태계 전체가 변하게 될 것입니다."

기술 개발이 직선적으로 차근차근 한 단계씩 이뤄지는 것이 아니라 급격하게 계단을 뛰어넘어 가듯 곡선형으로 발전한다는 경험을 통해 효율 혁신을 이룰 수 있다는 뜻이었습니다.

딥시크를 통해 가능성을 엿보았기 때문에 한국도 이러한 기술 개발이 가능할 것이라는 희망이 제기됩니다. 김병권 연구위원은 우리나라도 기반 모델을 가질 수 있는 가능성이 있다고 말했습니다. 특히 군비 경쟁과 같이 무한히 자원을 늘려나가는 방식에 뛰어드는 것이 아니라 알고리즘의 효율성을 개선하는 등의 방식으로도 성공할 수 있다는 것을 우리나라에 시사했다고도 설명했습니다. 미국과 중국에 이어 AI 분야에서 3등을 유지하는 한국에게도 충분히 독자적인 기반 모델을 가질 수 있다는 희망이 생긴 순간이었습니다.

이와 같은 이야기는 학계에서도 똑같이 나오고 있습니다. 조성배 연세대학교 컴퓨터과학과 교수에 따르면, 딥시크와 같이 저용량으로 AI를 개발해 보자는 논의가 국내 학계에서 제기돼 이미 여러 시도가 있었지만, 실현되지는 못했습니다. 하지만 가능성의 통로가 열려서 반성하는 측면이 있다고 덧붙였습니다. 과거에는 막연한 가능성을 논하는 수준이었지만, 이제는 구체적으로 저비용화로 실현된 AI 모델을 놓고 사례 분석이 가능해졌습니다.

AI 리터러시의 필요성

기술을 사용하는 우리의 인식이 바뀌지 않는다면, 어떤 혁신적인 기술도 결국 제본스의 역설에 삼켜질 수 있습니다. 여기서 AI 교육은 단순히 AI 사용법을 가르치는 것을 넘어, AI의 사회적, 환경적 책임을 함께 가르치는 것을 의미합니다. AI 교육은 단순히 국민들의 AI 경험을 높여 사회 전반의 생산성을 높이고자 하는 계몽의 목적을 가지고 있지 않습니다. AI 교육을 통해 제본스의 역설이 가져올 사회적 낭비를 줄이는 데 그 목적이 있습니다.

에런 딩 소장은 AI 교육의 문제를 매우 심각하게 받아들여야 한다고 보았습니다. 기존의 패러다임대로라면, AI를 개발하는 사람들과 AI를 사용하는 사람들이 명확하게 구분돼 있었습니다. 이 경우, AI가 가져올 문제점은 전적으로 AI 개발자들의 골칫덩이였습니다.

하지만 이제는 경계선이 무의미해졌습니다. AI 사용자도 AI가 가져올 다양한 문제점들을 명확하게 인식하고 있어야 할 책임이 생겼습니다. 과도한 전력 사용과 온실가스 배출 등에 일조했기 때문입니다. 딩 소장은 AI 접근성이 좋아지고 사용이 편리해질수록 더 많은 전력이 필요하다는 것을 많은 사람에게 이해시키는 게 첫걸음이라고 설명했습니다. AI 교육을 통해, AI를 쓰는 대가가 단순히 개인의 차원을 넘어 사회의 차원으로까지 확장해야 한다는 뜻이었습니다.

딩 소장은 구체적인 실천 방법론까지 제시했습니다. 딩 소장은 대중 교육과 고등 교육이라는 두 개의 트랙을 나눠 진행해야 한다고 짚었습니다. 교육받는 사람을 기준으로 AI에 대한 지식 수준에 맞춰 교육해야 더 효과적이기 때문입니다. 특히 대중에게는 이해하기 쉽고 모두에게 공개된 자료로 전력 소비 교육이 이뤄져야 한다고 설명했습니다. 이때의 강조점은 '이해하기 쉽고'와 '공개된'에 있었습니다. 사람들이 AI와 무의식적으로 나누는 채팅과 질문, 혹은 이와 관련된 유사 서비스를 사용할 때 제본스의 역설이 발생한다는 사실을 모두가 알아야 한다는 것이었습니다.

또한 대중 교육은 AI의 대가가 막대한 전력 사용과 온실가스 배출로 인한 기후 위기로 이어질 수 있다는 설명을 이해하기 쉽게 풀어 주어야 한다고도 덧붙였습니다. 딱딱한 교재가 아닌 재미있고 접하기 쉬운 여러 콘텐츠로 제공해 많은 사람에게 도달하기를 바란다는 뜻이었습니다.

예를 들어 AI를 무분별하게 쓰면서 나도 모르게 뿜어져 나오는 온실가스가 얼마나 위험한지 게임을 통해 이해하는 방식도 가능합니다. 혹은 AI에 물어보는 질문을 명확하게 구체적으로 던져서 불필요하게 긴 대화를 막는 방법을 영상으로 제작하는 방법도 있습니다. 이렇듯 다양한 콘텐츠를 통해 AI 패러독스를 경고할 수 있는 대중과의 접촉면을 넓혀갈 수 있는 것입니다.

반대로 고등교육기관(대학) 등에는 전 세계의 유수한 대학의 질 좋은 강의가 한데 모여 있는 대규모 온라인 공개 강좌(MOOC) [82] 교육 자료를 통해 다양한 전문가들의 자료를 학습하고 토의할 수 있는 경험도 좋은 AI 교육법으로 제기됩니다.

현재 대표적인 MOOC 플랫폼은 미국의 아이비리그인 스탠퍼드, 예일이 구글과 협력하는 코세라(Coursera)가 있습니다. edX와 같이 미국의 MIT, 하버드가 시작한 MOOC 플랫폼도 있습니다. 또한 우리나라는 한국형 MOOC인 K-MOOC를 통해 플랫폼이 확보돼 있는

---

82) MOOC(Massive Open Online Course): 대규모 온라인 공개 강좌. 인터넷을 통해 누구나 수강할 수 있는 온라인 교육 과정으로, 세계 유수 대학의 강의를 무료 또는 저렴한 비용으로 들을 수 있다.

상황입니다.

이러한 MOOC 학습은 배우는 비용도 매우 저렴하므로 소득 수준에 따른 과도한 학습 난도 차이가 발생할 가능성이 적고, 학습자의 속도에 맞춘 교육이 가능하다는 장점도 있습니다. 또한 MOOC를 수료하면 수료증이나 인증서를 발급받아 취업이나 경력 개발에 활용할 수 있다는 장점도 있어 관련 정책적 뒷받침이 이어지기에 매우 수월한 인프라가 이미 갖춰져 있다고 볼 수 있습니다.

더 나아가 AI 교육은 '빅테크 기업의 독과점을 막을 수 있는 감시자' 역할도 할 수 있습니다. AI를 개발하는 빅테크 기업들은 주로 편리함을 강조하며 그 이면에 숨겨진 비용에 대해서는 입을 닫는 경우가 많습니다. 심지어 ESG 경영을 통해 기업의 지속 가능성과 사회적 책임을 다하려는 움직임이 최근 더해지고 있습니다.

이러한 사회적 분위기 속에서 기후 위기에 대한 관심이 높아짐에 따라, 친환경적인 정책을 내놓는 회사들도 늘어나고 있습니다. 이들은 환경에 나쁜 영향을 주는 정보들은 숨기고 친환경적인 내용을 부각시키려고 노력합니다. 구글은 ESG 보고서를 매년 발간하고 있으며, 국내 네이버 또한 2024 통합보고서를 발간하면서 ESG 성과를 홍보하고 있습니다.

이러한 ESG 성과 홍보는 실제로 효과가 있습니다. 대한경영학회에서 발간된 「빅테크 기업의 ESG 경영이 브랜드이미지, 신뢰 및 이용 의도에 미치는 영향에 관한 연구」에 따르면, 실제로 빅테크 기업에서 펼치는 ESG 경영이 사용자 인식 및 이용 의도 전반에 긍정적 영향을 미치고 있음이 밝혀졌습니다.

소비자가 AI에 대해 많이 알면 알수록, 더 많은 정보와 투명성을 요구하게 됩니다. 기업이 ESG 경영을 선언하고 ESG 전략을 수립한 이상, 소비자의 투명성 요구는 계속해서 높아질 수밖에 없습니다. 따라서 AI 교육은 소비자의 투명한 정보 공개 요구를 유도해 AI 관련 기업들의 불공정한 독과점을 막고 진정한 ESG 경영으로 나아가 도록 도울 것입니다.

무한한 '제본스의 역설'과의 전쟁

독일 생태경제학자 스테픈 랑게(Steffen Lange)와 요한나 폴(Johanna Pohl)은 『생태경제학 저널』에 기고한 논문에서 디지털로 인한 에너지 소비를 줄어들 것이라는 기대는 아직 정당화되지 않았다고 말했습니다. 심지어는 디지털화는 에너지를 절약하는 것 이상으로 추가적 에너지 소비를 불러오면서 그 증가 효과가 에너지 감소 효과보다 더 컸다고 주장했습니다.

제본스의 역설은 과거에도 존재했고, 오늘날에도 나타나고 있으며, 미래에도 나타날 것입니다. 대상이 무엇이든 기술 효율화가 값싼 비용을 유도해도 총사용량은 증가할 수 있습니다. 기술 개발과 늘어나는 사용자 사이의 줄다리기 싸움은 계속될 것입니다. 이 과정에서 사용자가 싸움의 우위를 점하는 순간 제본스의 역설로 상황은 악화될 것입니다. 반대로, 기술 개발 혹은 사용자의 열세가 이어질수록 제본스의 역설은 사라지고 전력과 기후에 미치는 부담은 줄어들 것입니다. 우리의 줄다리기는 아직 끝나지 않았습니다.

김병권 연구위원은 다음과 같이 당부했습니다.

"에너지를 효율화시키는 작업과 함께 사용 총량이 늘어나지 않도록 제어
하는 이 두 가지 전략을 모두 사용할 때에만 AI가 기후 혹은 전력에 미칠
최종적인 부담을 줄일 수 있습니다."

사회학적 상상력을 바탕으로 AI의 대가가 개인의 문제에서 끝나
는 것이 아닌 사회 전체의 문제로 퍼져 나갈 수 있다는 생각을 할
수 있어야 합니다.

우리의 줄다리기는 아직 끝나지 않았습니다. 그리고 그 승패는 기
술 그 자체가 아니라, 기술을 사용하는 우리 각자의 인식과 선택에
달려 있습니다. 앤드루 파넬(Andrew Parnell) 더블린대학교 기후 및
날씨 데이터 과학 교수의 절박한 기대가 공염불이 되지 않아야 할
것입니다.

"우리는 필요한 에너지만 소비하도록 서로를 독려해야 합니다. 제가 기후
과학자로서 할 수 있는 것은 그저 이 말을 계속 반복하며 누군가가 관심을
가져 주길 바라는 것뿐입니다."

앤드류 파넬 교수의 마지막 호소가 아직도 눈에 어른거립니다. "기후 과학자로서 할 수 있는 건 그저 이 말을 계속 반복하며 누군가 관심을 가져 주길 바라는 것뿐"이라는 말엔 여러 감정이 뒤섞여 있었습니다. 미묘한 기대, 약간의 절망, 알수 없는 무력함이 표정으로 역력히 드러났습니다.

제 AI 문해력(AI 리터러시)을 절감한 순간이었습니다. 인류가 달의 뒷모습을 모르는 것처럼, AI의 뒷모습도 보려고 하지 않았다는 깨달음이 부끄럽게 밀려왔습니다. 편리함의 대가는 결코 값싸지 않다는 걸 나중에야 온전히 이해했습니다.

우리는 싸고 편하니까 AI에 의존합니다. 편하면 편할수록, 값이 싸지면 쌀수록 더 많이 씁니다. 굳이 '제본스의 역설'이라는 이론을 들이밀지 않아도 됩니다. 이미 죄책감이라는 족쇄에서 말끔히 벗어나고 있습니다.

AI가 환경에 미치는 영향을 설명하기 위해 꺼내든 오래된 이론 '제본스의 역설'은 그 족쇄를 다시 채우는 것과 같습니다. 제동장치를 걸어서 무분별한 소비를 막도록 일깨워주는 '상상 속 족쇄'입니다.

국내외 전문가들은 단 한사람의 예외 없이 '제본스의 역설'을 걱정했습니다. 비록 정도의 차이는 있을지언정 모두 '제본스의 역설이 부활하고 있다'고 인정했습니다. 심지어 물어보기도 전에 먼저 '제본스의 역설을 걱정한다'고 말한 전문가도 있었습니다. 이미 AI 업계에선 뜨거운 감자인 셈입니다.

이 열기를 고스란히 담고 싶었습니다. 동시에 해결책도 끌어내고 싶었습니다. 해외에선 이미 제본스의 역설을 교육하기 위한 구체적인 실행 계획(Action Plan)이 나온다는 말에 무릎을 쳤습니다. 기술이 아니라 사람에게서 해결책을 찾는 방향의 전환이 이뤄진 순간이었습니다.

제본스의 역설을 알려야 한다는 절박함을 녹여 내고자 했습니다. 절박한 심정으로 쓴 글에서 파넬 교수의 표정과 제 표정이 겹쳐집니다. 제가 할 수 있는 건 그저 위험성을 계속 반복해 경고하며, 누군가 관심을 가져 주길 바라는 것뿐이니까요.

그린워싱의 정교한 기만

"우리가 살고 있는 터전을 오염시키지 않으면서 기술의 발전을 목표로 한다."

지금 우리는 환경 의식의 시대를 살고 있습니다. 기업들은 앞다투어 '탄소중립', '재생에너지 100%', '친환경 경영'을 약속하며 녹색 혁신의 선두주자라고 자처합니다. 특히 글로벌 빅테크 기업들은 RE100이라는 화려한 간판을 내걸고 자신들의 데이터센터가 100% 재생에너지로 운영된다고 주장합니다. 하지만 이 주장들을 자세히 들여다보면 복잡한 회계 기법과 교묘한 계산 방식이 숨어 있습니다. 진짜 친환경과 가짜 친환경을 구별하는 것은 이제 단순한 환경 문제를 넘어 우리 시대의 핵심적인 진실 게임이 되었습니다.

풍력발전시설이 가동 중인 가운데 화력발전시설이 철거되고 있는 모습. [노컷뉴스 제공]

RE100이라는 환상

구글, 마이크로소프트, 아마존, 메타 등 거대 기술 기업들이 RE100을 강조하면서 자신들의 환경 리더십을 과시하는 모습을 보면 마치 친환경 혁명이 이미 시작된 것처럼 느껴집니다. 그러나 여기에는 근본적인 허점이 존재합니다.

현재 대부분의 RE100 참여 기업들이 채택하는 방식은 '연간 매칭(Annual Matching)'입니다. 이는 1년 동안 사용한 총 전력량과 같은 양의 재생에너지를 구매하거나 생산했다는 계산 방식입니다. 예를 들어 한 데이터센터가 연간 100GWh의 전력을 사용했다면, 태양광이나 풍력 발전소로부터 100GWh에 해당하는 재생에너지 인증서를 구매하면 RE100을 달성했다고 주장할 수 있다는 것입니다.

언뜻 보면 합리적으로 보이는 이 방식의 치명적인 맹점을 보면 놀라움을 금할 수 없습니다. 데이터센터는 24시간 365일 일정한 전력을 필요로 하는 반면, 재생에너지는 본질적으로 간헐적입니다. 태양이 없는 밤에 태양광 발전은 발전하지 못하고, 바람이 불지 않으면 풍력발전 또한 멈춥니다.

시간의 불일치와 위치의 모순

데이터센터의 전력 소비 패턴과 재생에너지 생산 패턴 사이의 시간적 불일치는 RE100 주장의 가장 큰 허점입니다. 아일랜드 코크대학교의 한나 데일리(Hannah Daly) 교수가 이 문제를 명확히 지적한 내용을 보면 문제의 심각성이 실감됩니다.

> "데이터센터는 태양광 발전소의 출력 덕분에 100% 재생 가능하다고 주장할 수 있지만, 여전히 밤에는 전력망에서 전기를 끌어오고, 이 추가 전력은 화석 연료에서 비롯될 가능성이 높습니다."

실제로 구글이 공개한 데이터를 분석해 보면 상황이 더욱 명확해집니다. 그들의 데이터센터 중 상당수가 위치한 지역에서 재생에너지 비율이 높은 시간대는 하루 중 일부에 불과했습니다. 나머지 시간, 특히 태양이 지고 바람이 잦아드는 저녁 시간대에는 천연가스나 석탄 발전소의 전력에 의존할 수밖에 없다는 것입니다.

한국의 한 전력 시스템 전문가가 설명한 내용을 보면 이런 시간적 불일치가 단순한 기술적 문제가 아니라는 점이 분명해집니다.

"재생에너지가 풍부한 낮 시간대에 과잉 생산된 전력이 있다고 해도, 이를 밤까지 저장할 대용량 에너지 저장 시스템이 없다면 결국 화석 연료 발전에 의존할 수밖에 없습니다. 현재의 배터리 기술로는 데이터센터 규모의 전력을 장시간 저장하는 것이 경제적으로 불가능합니다."

RE100의 또 다른 허점은 지리적 불일치입니다. 많은 기업들이 자신들의 데이터센터가 위치한 지역이 아닌 다른 지역, 심지어 다른 나라에서 재생에너지를 구매하거나 투자한다는 점입니다.

구체적인 예를 들어보면 실감이 납니다. 아일랜드에 위치한 데이터센터가 스페인의 태양광 발전소에 투자하여 재생에너지 인증서를 구매하는 경우를 생각해 봅시다. 스페인의 전력망은 이미 상당 부분 재생에너지로 구성되어 있고, 추가적인 태양광 발전이 화석 연료를 대체하는 효과가 제한적입니다. 반면 아일랜드에서는 여전히 데이터센터가 화석 연료 기반 전력을 사용하고 있는 셈입니다.

한나 데일리 교수의 연구 결과를 보면 이런 모순이 더욱 명확해집니다. 아일랜드 데이터센터의 전력 수요 증가 중 단 16%만이 아일랜드 내 풍력 발전소와의 전력구매계약을 통해 충당되었습니다. 나머지는 여전히 기존 전력망, 즉 상당 부분 화석 연료에 의존하고 있다는 의미인 것입니다.

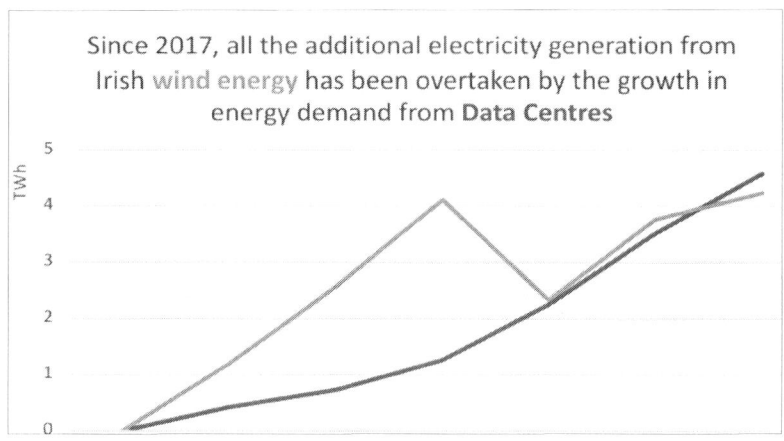

2017년부터 집계된 아일랜드의 풍력발전 에너지(파란색)와 데이터센터의 전력수요(빨간색) 그래프. 2022년에 추월당해 2023년에는 역전현상이 발생했습니다. [「아일랜드의 탄소 예산과 관련된 데이터센터 (Data Centers in Relation to Ireland's Carbon Budgets) 연구」 보고서 캡처]

추가성의 환상과 탄소 회계의 마술

RE100과 관련된 가장 근본적인 문제는 '추가성'[83]입니다. 진정한 탄소 중립을 위해서는 기업의 재생에너지 투자가 실제로 새로운 재생에너지 용량을 창출해야 합니다. 그러나 많은 경우, 기업들은 이미 계획되어 있었거나 정부 보조금으로 건설될 예정이었던 재생에너지 프로젝트의 인증서를 구매하는 데 그치고 있습니다.

한 에너지 정책 전문가의 지적을 보면 문제의 핵심이 분명해집니다.

"정부가 재생에너지 목표를 설정하고 보조금을 지급하여 풍력이나 태양광 발전소가 건설되는 상황에서, 빅테크 기업이 나중에 그 전력을 구매한다고 해서 추가적인 재생에너지가 생긴 것은 아닙니다. 단지 이미 존재하는 재생에너지의 '주인'이 바뀐 것뿐입니다."

실제 아일랜드 사례를 보면 이런 문제가 얼마나 심각한지 알 수 있습니다. 2017년부터 2023년까지 아일랜드에서 추가된 모든 풍력 발전량은 데이터센터의 수요 증가에 흡수되었습니다. 이는 재생에너지가 화석 연료를 대체하는 것이 아니라 단순히 새로운 수요를 충족시키는 데 사용되었다는 것을 의미합니다.

기업들의 탄소 중립 주장에는 정교한 회계 기법이 동원됩니다. 가

---

83) 추가성(Additionality): 환경 프로젝트나 탄소 감축 활동이 실제로 추가적인 변화를 만들어 내는 정도를 뜻하며, 기존 상황에서는 발생하지 않았을 효과를 의미한다.

장 대표적인 것이 '시장 기반 회계[84]'와 '위치 기반 회계[85]'의 선택적 사용입니다.

시장 기반 회계에서는 기업이 구매한 재생에너지 인증서를 기준으로 탄소 배출량을 계산합니다. 반면 위치 기반 회계는 실제로 사용한 지역 전력망의 평균 탄소 집약도를 적용합니다. 많은 기업들이 외부 보고서에는 시장 기반 회계를 사용하여 낮은 탄소 배출량을 주장하면서도, 실제로는 탄소 집약적인 지역 전력망에 의존하고 있는 것입니다.

더욱 교묘한 수법들도 존재합니다. 일부 기업들은 재생에너지 사용률을 계산할 때 데이터센터의 일부 시설만을 포함시키거나, 백업 전력 시스템의 디젤 발전기 사용은 제외하기도 합니다. 또한 건설 과정에서 발생하는 탄소 배출이나 서버 제조에 필요한 에너지는 계산에서 빠뜨리는 경우가 많습니다.

이러한 RE100의 한계를 인식한 일부 전문가들과 환경 단체들은 CF100[86]이라는 새로운 기준을 제시하고 있습니다. CF100은 연간 매칭이 아닌 '24/7 매칭', 즉 매 시간 사용하는 전력이 실제로 탄소 배출이 없는 에너지원에서 공급되어야 한다는 훨씬 엄격한 기준입니다.

---

84) 시장 기반 회계(Market-based Accounting): 기업의 자산과 부채를 실제 시장 가격에 맞춰 평가하는 회계 방식으로, 재무 상태를 현실에 가깝게 보여 준다.

85) 위치 기반 회계(Location-based Accounting): 기업의 자산과 부채를 실제 위치나 사업장 단위별로 평가해 관리하는 회계 방식으로, 지역별 재무 상황을 보다 정확히 반영한다.

86) CF100(Carbon Free 100): 24/7CFE(24시간 7일 무탄소 에너지)라고도 불리는 차세대 친환경 기준. 연간 총량이 아닌 매시간 실시간으로 무탄소 에너지 사용을 요구한다.

재생에너지를 공급받는 데이터센터. [AI 생성]

구글은 2030년까지 모든 데이터센터에서 24/7 탄소 없는 에너지 사용을 목표로 한다고 발표했습니다. 그러나 현재 기술 수준에서 이를 달성하는 것이 얼마나 어려운 과제인지를 보면 상당한 우려가 됩니다.

한나 데일리 교수의 평가를 보면 이런 우려가 현실적임을 알 수 있습니다.

"CF100은 기후 목표 달성을 위한 궁극적인 목표이지만, 장기 에너지 저장 기술이 개발되기 전까지는 100% 달성이 어려울 것입니다."

그린워싱 식별법과 규제

그렇다면 일반 시민들은 어떻게 진정한 친환경 노력과 그린워싱[87]을 구별할 수 있을까요? 몇 가지 핵심 지표를 살펴보면 됩니다.

첫째, 시간별 에너지 사용 데이터를 공개하는지 확인해야 합니다. 진정으로 투명한 기업이라면 연간 총량뿐만 아니라 시간대별 재생에너지 사용률을 공개할 것입니다.

둘째, 재생에너지 구매가 실제로 새로운 프로젝트를 창출했는지 확인해야 합니다. 단순히 기존 재생에너지 발전소의 인증서를 구매한 것인지, 아니면 새로운 발전소 건설에 직접 투자했는지를 구별해야 합니다.

셋째, 지역적 일치성을 살펴봐야 합니다. 데이터센터가 위치한 지역에서 실제로 재생에너지를 사용하고 있는지, 아니면 멀리 떨어진 곳에서 인증서만 구매하는지 확인이 필요합니다.

넷째, 백업 시스템과 건설 단계의 배출량까지 포함한 전체 생애주기 평가를 제공하는지 확인해야 합니다. 운영 단계의 전력 사용만 계산하는 것은 전체 그림의 일부만 보여 주는 것입니다.

현재 RE100은 법적 구속력이 없는 자발적인 캠페인입니다. 기업들이 목표를 달성하지 못해도 실질적인 법적 제재가 없고, 계산 방법이나 보고 기준도 통일되어 있지 않습니다. 일부 기업 간 거래에서 제약이 있긴 하지만 이 또한 제한적이고 한계가 존재합니다. 이

---

87) 그린워싱(Greenwashing): 기업이 실제 환경 개선 노력보다 친환경 이미지를 강조해 소비자나 투자자를 속이는 마케팅 전략을 뜻한다.

는 기업들에게 상당한 재량권을 부여하며, 그린워싱의 여지를 만들어 내는 것입니다.

유럽연합은 이러한 문제를 인식하고 더 엄격한 규제를 도입하려 하고 있습니다. 2024년부터 시행되는 [88]기업 지속 가능성 보고 지침(CSRD)은 기업들에게 더 상세하고 표준화된 환경 데이터 공개를 요구합니다. 그러나 여전히 많은 국가에서는 이러한 규제가 부재하거나 미흡한 상황입니다.

진정한 해결책을 향해

이러한 상황에서 그린워싱을 넘어 진정한 지속 가능성을 달성하기 위해서는 근본적인 접근 방식의 변화가 필요합니다.

첫째, 에너지 수요 자체를 줄이는 것이 가장 중요합니다. 아무리 재생에너지 비율을 높여도 전체 에너지 소비가 계속 증가한다면 탄소 중립은 요원합니다. AI 모델의 효율성을 높이고, 불필요한 데이터 처리를 줄이는 등의 노력이 필요합니다.

둘째, 실시간 탄소 강도를 반영한 유연한 컴퓨팅이 대안이 될 수 있습니다. 재생에너지가 풍부한 시간대에 더 많은 작업을 처리하고, 화석 연료 의존도가 높은 시간대에는 필수적인 작업만 수행하는 방

---

88) 기업 지속 가능성 보고 지침(CSRD, Corporate SustAInability Reporting Directive): 유럽연합(EU)에서 기업의 환경·사회·지배구조(ESG) 정보를 투명하게 공개하도록 요구하는 지침으로, 지속 가능 경영과 책임 있는 기업 활동을 촉진한다.

식입니다.

셋째, 진정한 추가성을 확보해야 합니다. 기업들이 단순히 인증서를 구매하는 것이 아니라, 실제로 새로운 재생에너지 프로젝트에 투자하고 개발해야 합니다.

넷째, 투명성과 표준화가 필수적입니다. 모든 기업이 동일한 기준과 방법론으로 환경 영향을 측정하고 보고해야 의미 있는 비교와 개선이 가능합니다.

그린워싱과의 싸움에서 시민들의 역할도 중요합니다. 우리는 비판적인 소비자가 되어야 합니다. 기업들의 화려한 환경 마케팅에 현혹되지 않고, 실질적인 데이터와 증거를 요구해야 합니다.

또한 우리의 디지털 소비 습관도 돌아봐야 합니다. 불필요한 클라우드 저장, 과도한 스트리밍, 무분별한 AI 서비스 사용은 모두 데이터센터의 에너지 소비를 증가시킵니다. 개인의 작은 실천이 모여 큰 변화를 만들 수 있습니다.

정책 입안자들에게도 요구해야 합니다. 자발적 약속에만 의존하지 말고, 구속력 있는 규제와 표준을 만들어야 합니다. 진정한 친환경 기업과 그린워싱 기업을 구별할 수 있는 명확한 기준이 필요합니다.

RE100과 같은 이니셔티브는 분명 긍정적인 방향입니다. 기업들이 환경 문제를 인식하고 행동하려는 의지를 보이는 것은 환영할 만한 일입니다. 그러나 현재의 방식은 너무 많은 허점과 한계를 가지고 있습니다.

우리는 불편한 진실을 마주해야 합니다. 현재 기술 수준에서 데이터센터의 폭발적인 성장과 진정한 탄소 중립은 양립하기 어렵습니다. 연간 매칭이라는 회계 트릭으로 이 모순을 덮을 수는 없습니다.

그린워싱은 단순한 마케팅 문제가 아닙니다. 그것은 우리가 기후 위기에 제대로 대응하지 못하게 만드는 위험한 환상입니다. 진짜 친환경과 가짜 친환경을 구별하는 것은 우리 모두의 미래를 위한 필수적인 과제입니다.

기업들은 더 투명하고 정직해져야 하고, 정부는 더 엄격한 기준을 만들어야 하며, 시민들은 더 비판적이고 적극적이어야 합니다. 그린워싱의 베일을 벗기고 진정한 지속 가능성을 추구할 때, 우리는 비로소 AI 시대의 환경 도전을 극복할 수 있을 것입니다.

가동에 필요한 에너지를 100% 친환경 재생에너지로 충당하겠다는 RE100은 이제 낯설지 않은 용어입니다. 우리는 전력을 사용할 때 단순히 콘센트에 전선을 꽂아 씁니다. 그 전력이 친환경 재생에너지로 생산된 것인지, 화석연료로 만들어진 것인지는 알기 어렵습니다.

겉보기에는 모두 '전기'일 뿐이지만, 그 에너지를 생산하는 과정에서 남는 환경적 부산물은 전혀 다릅니다. 대부분의 사람들은 전기를 사용하고 요금을 납부하면 그 과정이 끝났다고 생각합니다. 하지만 만약 그 전력 생산 과정에서 발생한 오염의 대가를 나중에 '환경비용'이라는 이름으로 다시 지불해야 한다면 이야기는 달라집니다.

저희는 궁금했습니다. 빅테크 기업들이 말하는 '친환경에너지 100% 사용', 그 문장 뒤에는 어떤 숨은 의미가 있을까?

이 의문을 풀 실마리를 찾던 중, 저희는 아일랜드와 네덜란드에서 그 답의 단서를 발견했습니다. 이 지역은 빅테크 AI 데이터센터가 밀집해 있어, 다른 나라보다 전력 수요가 압도적으로 높습니다.

그렇다면 제한된 재생에너지로 이러한 수요를 감당할 수 있을까요? 저희의 우려는 현지 전문가 인터뷰를 통해 확신으로 바뀌었습니다. 전력 거래를 통해 '친환경 전력을 사용한 것처럼 보이게 만드는 구조'는, 회계상의 착시현상이라고 해도 과언이 아닙니다. 그린워싱은 이렇게 정교하게 우리의 인식을 속이고 있었습니다.

24시간 내내 가동되는 데이터센터에 전력을 공급하기 위해 24시간 최대 출력을 유지하는 재생에너지 발전소는 존재하지 않습니다. 하지만 기업이 RE100을 실천하지 않으면 세금 등 여러 불이익을 받는 구조이기 때문에, 대외적으로 '친환경 기업'으로 홍보하는 것은 일종의 제도적 딜레마 속에서 빅테크가 선택한 고육지책처럼 보이기도 했습니다.

국내외 전문가 인터뷰를 종합한 결과, 많은 기업들이 "전체 사용 전력의 100%를 재생에너지로 맞췄다."라고 주장하지만, 실제 시설 운영에 필요한 전력에는 재생에너지로 충당되지 못한 부족분을 화석연료 전력으로 메우는 구조가 존재합니다. 즉, 데이터센터가 확보한 총 전력은 '100% + α' 인 셈입니다.

물론 예외도 있습니다. 일부 기업들은 24시간 실제 재생에너지로만 가동되는 'CF100(Carbon-Free 100)'이나 '24/7 CFE(24시간 탄소중립 전력)' 같은 훨씬 엄격한 기준을 따르며, 진정한 의미의 친환경 운영을 실천하려 노력하고 있습니다.

구세주인가, 파괴자인가

"인공지능(AI)은 탄소 배출만 놓고 보면 지구를 데우는 엔진입니다. 하지
만 장기적으로 봤을 때는 새로운 세상을 열어 주지 않을까 기대하고 있
습니다."

정수종 교수의 말을 들으면, 현재 AI가 직면한 근본적 모순이 한
눈에 들어옵니다.

AI는 기후 변화 대응에서 전례 없는 양면성을 드러내고 있습니다.
한편으로는 혁신적인 환경 보호 성과를 만들어 내면서도, 다른 한
편으로는 급격한 에너지 소비 증가로 새로운 환경 부담을 만들고 있
는 것입니다. 이런 AI의 이중적 성격을 둘러싸고 전문가들 사이에서
도 상반된 평가가 나오고 있습니다.

기술 낙관론자들은 AI의 환경 기여 가능성을 강조하며 현재의 에
너지 소비는 일시적 현상이라고 주장합니다. 반면 일부 전문가들은
AI의 환경 기여 주장이 과장되었으며, 현재의 환경 부담이 더 심각
한 문제라고 지적하고 있습니다.

거대한 감축 잠재력

세계경제포럼(WEF) [89]이 최근 발표한 보고서 내용을 보면 그 규모에 놀라게 됩니다. 인공지능을 효과적으로 도입하면 전력, 식품, 교통 세 분야에서만 매년 최대 6Gt의 이산화탄소 배출을 줄일 수 있다고 밝혔습니다. WEF 분석에 따르면 연간 감축 잠재량은 전력 부문 1.8Gt, 식품(농축·가공·유통) 부문 3Gt, 교통 부문 0.6Gt 수준입니다.

이산화탄소 1Gt이 어느 정도 규모인지 실감해 보면 더욱 놀랍습니다. 승용차 약 2억 대가 1년간 내뿜는 온실가스와 맞먹는 양입니다. 이를 단순 환산하면, AI 기술 활용으로 매년 승용차 최대 12억 대가 사라지는 것과 같은 탄소 저감 효과를 얻을 수 있다는 의미입니다. 현재 전 세계 승용차가 약 14억 대인 점을 고려하면 엄청난 규모의 감축 효과인 셈입니다.

무게 '톤' 단위

- 톤(Ton, t): 1,000kg, 자동차 1대 무게 정도
- 킬로톤(Kiloton, Kt): 1000톤, 작은 배 한 척 무게
- 메가톤(Megaton, Mt): 100만 톤, 큰 빌딩이나 핵폭탄 위력 측정
- 기가톤(Gigaton, Gt): 10억 톤, 지구 온난화 가스 배출량 측정
- 테라톤(Teraton, Tt): 1조 톤, 거대한 빙하나 대기 무게

---

89) WEF(World Economic Forum): 세계경제포럼. 매년 다보스에서 열리는 국제회의로 유명한 경제 싱크탱크.

국제에너지기구도 비슷한 전망을 제시했습니다. 국제에너지기구 분석에 따르면 AI가 전력 최적화에 개입한다면 전 세계적으로 약 300TWh의 전기를 절약할 수 있을 것으로 예측됩니다. 이는 현재 호주와 뉴질랜드의 연간 전력 생산량을 합친 양과 같은 수준입니다.

구글 맵의 친환경 경로 안내 서비스 성과를 보면 실감이 납니다. 2021년 출시 이후 2024년 말 기준으로 누적 540만 톤의 탄소 배출을 방지했습니다. 구글은 이를 117만 대의 자동차를 1년간 도로에서 제거한 것과 같은 효과라고 발표했습니다.

이 서비스는 교통 데이터, 도로 경사도, 엔진 효율성 등을 종합적으로 분석해 연료 효율이 가장 높은 경로를 추천합니다. 사용자가 약간의 시간을 더 투자하더라도 연료 소비와 배기가스 배출을 줄일 수 있는 대안 경로를 제시하는 방식입니다.

기후 변화가 가속화되는 시대에 정확한 기상 예측은 생존과 직결된 문제가 되었습니다. 극한 기후 현상이 자주 일어나는 상황에서 AI 기반 기후 예측 기술은 기존의 물리학 기반 모델을 뛰어넘는 혁신적 성과를 보여 주고 있습니다. 특히 구글 딥마인드의 '그래프캐스트(GraphCast)'는 기상 예측 분야에 패러다임 전환을 가져왔습니다.

2023년 11월 14일, 세계 최고 권위의 과학 학술지 사이언스(Science)에 발표된 연구 내용을 보면 AI 기반 기상 예측의 새로운 지평이 열렸음을 알 수 있습니다.

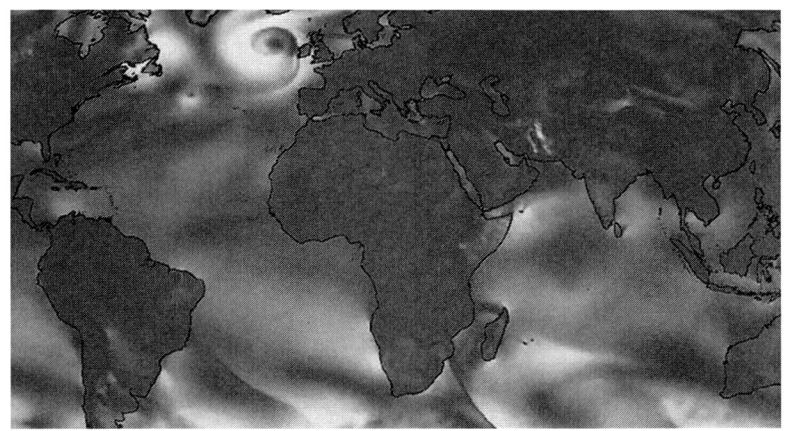

AI 기반 기후 예측 모델 '그래프캐스트(GraphCast)'. [구글 딥마인드 제공]

그래프캐스트는 10일 중거리 기상 예보에서 유럽중기기상예보센터(ECMWF) [90])가 40년간 쌓은 데이터와 슈퍼컴퓨터 기반의 물리 모델을 압도적으로 능가했습니다. 연구진이 검증한 1380개 기상 변수 중 무려 99.7%에서 기존 모델보다 더 정확한 결과를 보였습니다.

이는 단순한 개선 수준을 넘어선 혁신이었습니다. ECMWF의 IFS[91])는 전 세계 기상청이 표준으로 사용하는 최고 수준의 예측 모델입니다. 40년간의 관측 데이터와 대기물리학의 방정식들을 바탕으로 구축된 이 시스템을 AI가 거의 모든 영역에서 뛰어넘은 것입니다.

---

90) ECMWF(European Centre for Medium-Range Weather Forecasts): 유럽중기기상예보센터. 전 세계 기상청이 표준으로 사용하는 최고 수준의 기상 예측 모델을 개발하는 기관이다.

91) IFS(Integrated Forecast System): 통합예보시스템. ECMWF에서 개발한 전 세계 표준 기상 예측 모델이다.

그래프캐스트의 정확도는 특히 극한 기상 현상 예측에서 두드러졌습니다. 열대성 저기압의 경로 예측에서는 평균 12% 더 정확했고, 대기 상층부의 제트기류 변화 예측에서는 20% 이상의 정확도 개선을 보였습니다. 이는 항공기 운항, 재생에너지 발전량 예측, 농업 계획 등에 직접적인 영향을 미치는 핵심 요소들입니다.

그래프캐스트의 가장 인상적인 성과는 2023년 허리케인 리(Hurricane Lee)의 예측이었습니다. 이 시스템은 허리케인 리가 캐나다 노바스코샤 지역에 상륙할 것을 9일 전에 정확히 예측했습니다. 기존 ECMWF 모델은 6일 전에야 같은 수준의 정확도를 보였으니, 3일이나 빠른 예측이었습니다.

3일의 차이가 작아 보일 수 있지만, 재해 대응에서는 결정적입니다. 72시간의 추가 준비 시간은 대피 계획 수립, 긴급구조 자원 배치, 인프라 보호 조치 등을 완료하기에 충분한 시간입니다. 허리케인 리의 경우 노바스코샤 지역 주민들이 9일 전 예측을 바탕으로 체계적인 대피와 피해 예방 조치를 취할 수 있었습니다.

허리케인 예측의 정확도 향상이 얼마나 중요한지를 보면 실감이 납니다. 미국 국립허리케인센터(NHC) 자료에 따르면, 허리케인 경로 예측이 하루 빨라질 때마다 사망자 수를 평균 15~20% 줄일 수 있습니다. 2005년 허리케인 카트리나 당시 정확한 예측이 1~2일 빨랐다면 1800명의 사망자 중 상당수를 구할 수 있었을 것이라는 분석도 있습니다.

그래프캐스트의 또 다른 혁신은 계산 효율성입니다. 기존 ECMWF 시스템이 수 시간에서 반나절이 걸리던 10일 예보를 그래프캐스트는 1분 미만에 완성합니다. 이는 에너지 효율성이 기존 시스템 대비 1000배 이상 향상된 것입니다.

ECMWF의 슈퍼컴퓨터 규모를 보면 그 차이가 더욱 명확해집니다. 세계 10위권 안에 드는 성능을 자랑하는 시스템입니다. 10페타플롭[92] 이상의 연산 능력을 가진 이 시스템은 10일 예보 하나를 위해 약 300~400kWh의 전력을 소비합니다. 반면 그래프캐스트는 구글의 TPU 64개를 사용해 같은 예보를 약 3kWh로 완성합니다.

이런 효율성 개선은 단순히 비용 절감을 넘어서 환경적 의미가 큽니다. 전 세계 주요 기상청들이 하루에 만드는 기상 예보를 모두 AI 시스템으로 바꾼다면, 연간 수십 GWh의 전력을 절약할 수 있습니다. 이는 중소 도시 하나가 사용하는 전력량에 해당합니다.

회의적 시각

하지만 이런 장밋빛 전망에 대해 회의적인 시각도 만만치 않습니다. 아일랜드 코크대학교의 한나 데일리(Hannah Daly) 교수는 AI의 환경 기여에 대해 보다 신중한 평가를 제시했습니다.

데일리 교수는 AI가 기후 변화 해결에 도움이 될 수 있다는 추측적인 주장들이 많지만, 현재 증거를 바탕으로 판단하면 AI가 절약하는 온실가스보다 배출하는 온실가스가 훨씬 많다고 단언했습니다.

특히 AI 업계의 환경 기여 주장이 과장되어 있다고 지적했습니다.

---

92) 페타플롭(PFLOPS): 컴퓨터 성능을 나타내는 단위. 초당 1000조 번의 부동소수점 연산을 수행할 수 있는 능력이다.

"AI가 기후 변화 대응에 도움이 될 것이라는 주장들은 추측적이며 확고한 정책적 뒷받침이 없습니다. 이런 주장들은 오히려 산업이 이처럼 빠른 속도로 성장할 수 있는 사회적 허가를 얻기 위한 서사로 더 많이 활용되고 있습니다."

데일리 교수는 또한 기후 변화 대응 노력들이 추진력을 잃고 있다는 현실을 진단했습니다. 세계 여러 지역에서, 미국과 유럽에서 후퇴하는 진전을 보고 있으며, AI의 기후 영향을 규제하려는 정책 입안자들의 의지는 매우 약하다고 생각한다고 했습니다.

하지만 데일리 교수도 AI의 환경적 잠재력 자체를 부정하지는 않았습니다. 데이터센터와 AI가 환경적 영향 없이 성장하는 것은 기술적으로 가능하지만, 현재 우리가 보고 있는 것은 규제에 대한 저항이라고 설명했습니다.

실제로 현재 AI 산업이 환경에 미치는 부정적 영향 규모를 보면 상당합니다. 구글의 사례는 이런 환경 부담이 이미 현실화되고 있음을 보여 줍니다. 구글은 2024년 한 해 동안 전 세계 데이터센터와 사무실에서 약 81억 갤런(약 306억 리터)의 물을 사용했습니다. 이는 전년 대비 28% 늘어난 수치로, AI 서비스 확산에 따른 직접적 결과입니다.

더욱 우려스러운 것은 구글이 2019년 '탄소중립을 달성한 최초의 기업'이라는 타이틀을 포기했다는 사실입니다. 구글은 연례 환경보고서에서 지난해에만 1430만 톤의 온실가스를 배출했다고 밝혔는데, 이는 전년보다 13%나 늘어난 수치입니다. 4년 전인 2019년과 비교하면 증가율이 50%에 육박합니다.

마이크로소프트 역시 2024년 지속 가능보고서를 통해 2020년 이후 탄소배출량이 29.1% 늘었다고 발표하면서, 데이터센터 건설에 사용된 반도체, 연료, 건축자재 등을 그 원인으로 지목했습니다.

이런 상황에서 일부 전문가들은 AI 업계의 환경 기여 주장이 일종의 "그린워싱"이라고 비판하고 있습니다. 실제 환경 개선보다는 이미지 관리에 더 치중하고 있다는 지적입니다.

데일리 교수는 이에 대해 더 구체적으로 지적했습니다.

> "매우 강력한 이해관계를 가진 화석연료 회사들이 화석연료를 계속 판매하고 싶어 합니다. 아일랜드에서는 예를 들어, LNG 수입 터미널과 가스화력 발전소를 건설하고 싶어 하는 회사가 대형 데이터센터도 건설하고 싶어 합니다. 그래서 전력 공급, 발전, 수요를 모두 연결하고 있는 것입니다."

이는 AI 기업들이 표면적으로는 재생에너지 사용을 약속하면서도, 실제로는 화석연료 기반 전력망에 의존하고 있는 모순을 보여줍니다. 데일리 교수는 이런 경우에 우리는 매우 오염적인 산업에서 더 많은 수요를 창출하기 위해 새로운 소비자를 만들고 싶어 하는 매우 강력한 이해관계를 가지고 있다고 분석했습니다.

균형 잡힌 미래 전망

이런 복잡한 상황에서 정수종 서울대 교수는 보다 균형 잡힌 시각을 제시했습니다. 그는 현재의 문제점을 인정하면서도 미래 가능성에 대한 희망을 잃지 않고 있습니다.

정수종 교수는 우리가 석유를 쓸 때도 처음에는 환경 문제를 몰랐다고 했습니다. 그런데 지금 AI는 우리가 미리 알고 있으니까 이번엔 다르게 할 수 있을 것이라고 설명했습니다. 과거 석유 산업의 발전 과정에서 환경 문제가 나중에 발견된 것과 달리, AI의 환경 영향은 이미 알려져 있어 사전 대응이 가능하다고 본 것입니다.

정수종 교수는 우리가 효율을 높이고 저전력화시키는 쪽으로 가면 장기적으로 봤을 때, 인공지능이 새로운 세상을 열어 주지 않을까 하는 기대를 하고 있다고 미래 전망을 제시했습니다.

작동 중인 데이터센터 서버 모습. [네이버 제공]

그는 기술 발전의 역사적 패턴을 언급하며 희망적인 전망을 제시했습니다.

"전기차가 처음 나왔을 때 운행 거리, 배터리 용량이 엄청 큰 이슈였습니다. 지금 어떻게 되었나요? 생각보다 많이 줄었고 배터리 충전 시간도 짧아지고 배터리 충전 운행 시간도 길어지고 운행 거리가 그만큼 늘어났습니다."

　노트북의 예시도 들었습니다. 옛날에 노트북이 자신이 대학교 다닐 때 지금보다 한 3배 정도 두께였고, 한 번 충전하면 2시간 정도 쓰면 오래 썼다고 했습니다. 지금은 하루 종일 안 끄고 써도 되지 않느냐며 기술 혁신의 가능성을 강조했습니다.
　델프트대학교 공과대학 수석 부교수이자 사이버 물리 지능 연구소(CPI) 소장인 아론 딩(Aaron Ding) 교수는 AI의 환경적 영향을 두 가지 차원에서 분석했습니다.

　　"두 가지 측면이 있다고 생각합니다. 하나는 우리가 AI를 사용해서 다른 시스템들이 더 에너지 효율적이고 지속 가능하도록 돕는 것입니다. 그래서 기후 위기에 맞서는 더 나은 미래로의 전환을 도울 것입니다."

　하지만 딩 교수는 동시에 AI 자체의 에너지 효율성도 중요하다고 강조했습니다. 우리가 인식해야 할 것은 AI 자체를 에너지 효율적으로 만들어야 한다는 것이라고 말했습니다.
　딩 교수는 AI 활용의 긍정적 성과를 인정하면서도 현재의 문제점을 지적했습니다. 사람들이 AI를 사용해서 좋은 예측, 유지보수 및 기타 모든 것들을 제공해 에너지 시스템을 만들고 스마트 인프라를 더 에너지 효율적으로 만들 수 있다는 것을 명확히 증명했다고 했습니다. 하지만 동시에 지금 문제는 AI의 에너지 소비가 매우 나쁘다는 것이라고 균형 잡힌 시각을 제시했습니다.

현실적 수치

실제로 현재 AI 산업이 환경에 미치는 부정적 영향 규모를 보면 상당합니다. 연세대학교 조성배 교수의 분석에 따르면 2023년 대비 2026년까지 AI 분야의 전력 소모량이 최소 10배는 늘어날 것이며 AI 산업 전체의 전력 수요가 연간 100TWh 이상으로 급증할 것으로 예상된다고 전망했습니다.

이 수치가 얼마나 큰지 실감해 보면 놀랍습니다. 2024년 한국의 전체 전력 소비량(약 549.81TWh)의 6분의 1을 초과하는 양입니다. 즉, AI 산업만으로도 한국 전체 전력 소비량의 18% 이상을 차지하게 될 것이라는 예측입니다.

데일리 교수가 지적했듯이 AI는 실제로 정확히 지금 AI가 나오기 전에 모든 사람들이 탄소중립 약속을 했다고 했습니다. 그리고 이제 아무도 AI에서 뒤처지고 싶어 하지 않기 때문에, AI에 의해 멈추고 싶어 하지 않는다는 현실이 있습니다.

하지만 정수종 교수의 말처럼 지금은 우리가 이 이슈가 있기 때문에 이것을 정확하게 인지를 해야 되고, 이것을 우리가 효율을 높이고 저전력화 시키는 쪽으로 가면 장기적으로 봤을 때도 인공지능이 새로운 세상을 열어 주지 않을까 하는 기대를 하고 있다는 희망도 있습니다.

결국 AI가 환경 문제의 해결책이 될지 아니면 새로운 문제의 원인이 될지는 현재 진행형인 질문입니다. 기술적 가능성과 현실적 제약, 긍정적 기여와 부정적 영향이 복잡하게 얽혀 있는 상황에서, 핵심은 AI를 어떻게 개발하고 활용할 것인가에 달려 있습니다.

하지만 동시에 AI 산업 자체의 에너지 소비 급증도 부인할 수 없는 현실입니다. 구글의 50% 탄소 배출 증가, 마이크로소프트의 29.1% 증가는 AI가 환경에 미치는 부정적 영향이 이미 현실화되고 있음을 보여 줍니다.

정수종 교수가 강조한 대로, 과거 석유 시대와 달리 우리는 이미 AI의 환경 영향에 대해 알고 있습니다. 이제 인류의 성숙함을 보여 줄 때가 온 것입니다.

AI의 환경적 잠재력을 실현하기 위해서는 다음과 같은 조건들이 필요합니다.

기술적 혁신	AI 칩의 에너지 효율성 개선, 데이터센터 냉각 기술 발전, 모델 최적화 등을 통한 전력 소비 절감
정책적 뒷받침	재생에너지 할당제, 환경 영향 평가 강화 등
산업계의 책임	그린워싱이 아닌 실질적인 환경 개선 노력, 투명한 정보 공개, 지속 가능한 성장 전략 채택
국제적 협력	AI 환경 영향에 대한 글로벌 기준 마련, 기술 공유, 공동 연구 등

AI가 진정한 환경의 구세주가 되려면 현재의 에너지 소비 급증 문제를 해결하면서도 환경 보호 기여를 극대화하는 방향으로 발전해야 합니다. 기술 발전의 혜택을 누리면서도 환경적 지속 가능성을

확보하기 위한 지혜로운 접근이 그 어느 때보다 절실히 요구되는 시점입니다.

결국 AI가 환경 문제의 해결책이 될지 새로운 문제의 원인이 될지는 인류의 선택에 달려 있습니다. 우리가 얼마나 성숙하게 이 기술을 다룰 수 있는지가 지구의 미래를 결정할 것입니다.

"인공지능은 탄소 배출만 놓고 보면 지구를 데우는 엔진입니다. 하지만 장기적으로 봤을 때는 새로운 세상을 열어 주지 않을까 기대하고 있습니다."

정수종 교수의 이 말은 8장 취재의 출발점이었습니다.

AI는 정말 모순적인 존재입니다. 막대한 전력을 소비하며 환경을 파괴하면서도, 동시에 기후 변화 대응의 가장 강력한 도구가 될 수 있습니다. 이 양면성을 어떻게 균형있게 전달할 것인가가 가장 큰 고민이었습니다.

구글 딥마인드의 그래프캐스트 취재는 충격의 연속이었습니다. 사이언스지에 발표된 논문을 읽으며 놀라운 수치들을 발견했습니다. 1380개 기상 변수 중 99.7%에서 기존 모델을 능가했다는 것, 허리케인 리를 9일 전에 예측했다는 것, 에너지 효율성이 1000배 개선되었다는 것. 이 모든 것이 팩트였습니다.

하지만 세계경제포럼의 보고서는 또 다른 관점을 제시했습니다. AI로 전력, 식품, 교통 세 분야에서만 연간 최대 6기가톤의 이산화탄소 배출을 줄일 수 있다는 분석. 이는 승용차 12억 대가 사라지는 것과 같은 효과입니다. 정말 실현 가능한 숫자일까요?

취재하면서 가장 어려웠던 점은 '균형'이었습니다. AI의 환경 파괴를 강조하면 기술 혁신의 가능성을 간과하는 것 같았고, 환경 기여를 강조하면 현재의 심각한 문제를 덮는 것 같았습니다.

희망과 경고가 공존하는 이 취재를 마무리하며 깨달았습니다. AI가 구세주가 될지 환경 파괴자가 될지는 아직 결정되지 않았습니다. 그것은 우리가 어떤 선택을 하느냐에 달려 있습니다. 이 장이 독자 여러분께 그 선택의 중요성을 전달하길 바랍니다.

⑩
지속 가능한 AI를 향한 기술적 노력

　인공지능의 급속한 발전과 함께 데이터센터의 에너지 소비가 기하급수적으로 증가하면서, AI 산업의 지속 가능성은 더 이상 선택이 아닌 필수 과제가 되었습니다.

　2024년 미국 데이터센터 에너지 사용량 보고서를 보면 상황의 심각성이 실감납니다. 데이터센터의 전력 소비량이 2018년 미국 연간 총 소비량의 1.9%에서 2023년 4.4%로 급격히 증가했습니다. 더 놀라운 것은 2028년에는 6.7%에서 12.0%로 증가할 것으로 예측된다는 점입니다. 이는 미국 전체 전력의 8분의 1이 데이터센터에서 사용된다는 의미로, 상상을 초월하는 규모입니다.

　이러한 증가의 주요 원인으로 AI 하드웨어와 GPU 가속 서버의 급부상이 지목되고 있습니다. 우리가 편리하게 사용하는 AI 서비스 뒤에는 엄청난 전력을 소비하는 거대한 인프라가 숨어 있는 셈입니다.

　그렇다면 AI의 환경 영향을 최소화하면서도 기술 발전을 지속할 수 있는 방법은 없을까요? 다행히 전 세계 연구진들과 기업들이 이 문제를 해결하기 위한 다양한 기술적 접근법을 개발하고 있습니다.

AI 모델의 에너지 효율성 혁신

AI 모델의 에너지 효율성을 개선하는 가장 직접적인 방법은 모델 자체를 경량화하는 것입니다. 최근 딥시크 같은 기업들이 보여 준 사례를 보면 희망이 보입니다. 거대한 모델이 아니더라도 충분히 경쟁력 있는 성능을 낼 수 있다는 것을 증명했기 때문입니다.

경량화 기술의 핵심 접근법은 크게 세 가지로 나뉩니다.

첫째는 양자화(Quantization)[93] 기술입니다. 이는 마치 고화질 사진을 적당한 해상도로 압축하는 것과 비슷합니다. 완전한 정밀 모델링을 더 작은 데이터 구조로 변환하여 네트워크의 크기를 줄이는 방법으로, 추론 과정에서 에너지 효율성을 크게 향상시킵니다.

암스테르담대학교의 연구 결과를 보면 그 효과가 실감납니다. 양자화된 추론을 위해 설계된 NPU[94]는 기존 GPU 대비 훨씬 더 낮은 에너지를 소비할 수 있는 것으로 알려져 있습니다.

둘째는 모델 프루닝(Pruning)[95] 기술입니다. 이는 나무 가지치기와 비슷한 개념으로, 신경망에서 중요도가 낮은 연결을 제거하여 모델 크기를 줄입니다. 성능 저하를 최소화하면서도 연산량을 크게 줄일 수 있어, 전력 소비를 획기적으로 개선할 수 있습니다.

---

93) 양자화(Quantization): AI 모델의 연산 정밀도를 낮추어 메모리 사용량과 연산량을 줄이는 기술. 32비트 연산을 8비트로 줄이는 식으로 압축한다.

94) NPU(Neural Processing Unit): AI 연산에 특화된 프로세서로, 일반 CPU나 GPU보다 AI 작업을 효율적으로 처리할 수 있다.

95) 프루닝(Pruning): 인공신경망에서 중요하지 않은 연결이나 뉴런을 제거하여 모델을 경량화하는 기술이다.

셋째는 지식 증류(Knowledge Distillation)[96] 기술입니다. 이는 선생님이 학생에게 지식을 전수하는 것과 같은 방식입니다. 대규모 모델의 지식을 작은 모델로 전이시키는 방법으로, 학습 단계에서는 큰 모델을 사용하지만 실제 배포 단계에서는 훨씬 작고 효율적인 모델을 사용할 수 있게 합니다.

최근 개발된 적응형 AI 모델은 더욱 혁신적입니다. 이 모델들은 마치 사람이 상황에 따라 집중도를 조절하는 것처럼, 사용 가능한 인프라를 기반으로 실행 파티션을 수정하고 필요에 따라 리소스를 유연하게 조절할 수 있습니다.

적응형 AI의 핵심은 동적 리소스 할당입니다. 예를 들어, 낮 시간대의 높은 수요 시에는 더 많은 연산 리소스를 할당하고, 야간에는 리소스를 축소하여 에너지를 절약하는 방식입니다. 또한 작업의 중요도에 따라 정밀도를 조절하여, 중요하지 않은 작업에는 더 적은 리소스를 사용합니다.

이러한 모델은 시간이 지남에 따라 성능을 최적화하고 조정하여, 배포된 모델의 수명을 늘리고 완전히 새로운 모델을 처음부터 만들고 훈련하는 빈도를 줄일 수 있습니다. 이는 장기적으로 엄청난 에너지 절약으로 이어지는 셈입니다.

---

96) 지식 증류(Knowledge Distillation): 큰 AI 모델(교사 모델)이 학습한 지식을 작은 모델(학생 모델)에게 전달하여, 작은 모델도 큰 모델과 비슷한 성능을 내도록 하는 기술이다.

AI 연산을 중앙 데이터센터에서 엣지 디바이스[97]로 이동시키는 것은 에너지 효율성 측면에서 중요한 전환점이 되고 있습니다. 현재 대부분의 AI 연산이 데이터센터에서 이루어지고 있지만, 스마트폰, 태블릿, IoT 기기 등 수십억 개의 엣지 디바이스에서 AI를 실행하는 것이 점차 현실화되고 있습니다.

사용자의 휴대 단말기에서 구동 중인 엣지 AI의 모습. [AI 생성]

엣지 AI의 장점은 명확합니다. 데이터를 데이터센터로 전송하고 다시 받아오는 통신 비용이 제거되며, 이는 상당한 에너지 절감으로 이어집니다. 또한 개인정보를 클라우드로 전송할 필요가 없어 프라이버시 측면에서도 유리합니다. 특히 이미지 분류를 위한 컨볼루션 신경망[98] 같은 모델들은 이미 로컬에서 효율적으로 실행되고 있습니다.

---

97) 엣지 디바이스(Edge Device): 데이터를 중앙 서버가 아닌 기기 근처에서 처리하는 장치로, 스마트폰, IoT 센서, 카메라 등이 이에 해당하며 빠른 처리와 낮은 지연을 제공한다.

98) 컨볼루션 신경망(CNN): 이미지 인식에 특화된 인공신경망으로, 사진 속 사물을 인식하거나 분류하는 데 주로 사용된다.

연합 학습[99]은 이러한 분산 컴퓨팅의 한 형태로 주목받고 있습니다. 데이터를 중앙으로 모으지 않고 각 디바이스에서 학습을 수행한 후 모델 업데이트만을 공유하는 방식으로, 데이터 전송량을 크게 줄이면서도 효과적인 학습이 가능하게 합니다.

친환경 데이터센터

데이터센터의 에너지 소비 중 상당 부분이 냉각에 사용되는 만큼, 냉각 시스템의 혁신은 지속 가능성의 핵심입니다. 네이버의 '각 세종' 데이터센터 사례를 보면 이러한 혁신의 가능성이 실감됩니다.

자연 바람을 직/간접적으로 활용해 뜨거워진 서버실을 식히는 하이브리드 쿨링 시스템 'NAMU-III'. [네이버 제공]

---

99) 연합 학습(Federated Learning): 개별 기기에서 각자 AI 모델을 학습한 후, 학습 결과만 중앙으로 모아 전체 모델을 개선하는 방식. 개인 데이터를 외부로 보내지 않아도 된다.

네이버는 자체 개발한 NAMU-III(NAVER Air Membrane Unit)[100] 시스템을 통해 하이브리드 냉각을 구현했습니다. 이 시스템의 특징은 기후 환경에 따라 직접 외기와 간접 외기를 선택적으로 사용할 수 있다는 점입니다.

외기를 사용할 수 있는 환경에서는 자연 외기를 에어필터에 통과시킨 다음 바로 서버실을 냉각합니다. 반면 황사나 미세먼지가 많거나 온도, 습도가 매우 높은 상황에서는 간접 외기 모드로 전환합니다. 이는 마치 자연의 바람을 그대로 활용하는 것과 같아, 인공 냉각에 비해 에너지 소비를 크게 줄일 수 있습니다.

수냉식 냉각 시스템도 주목받고 있습니다. 마이크로소프트의 최근 연구를 보면 그 효과가 놀랍습니다. 칩에 집중적으로 열을 제거하는 수냉식 시스템이 전주기적 관점에서 매우 효율적임이 입증되었습니다. 물은 공기보다 열용량이 높아 덜 빨리 식고 덜 빨리 데워지기 때문에, 1년 전체적으로 봤을 때 더 효율적으로 운영될 수 있습니다.

액침 냉각 기술은 더욱 혁신적입니다. 서버를 비전도성 액체에 직접 담그는 이 방식은 기존 공냉식 대비 95% 이상의 냉각 에너지를 절감할 수 있습니다. 특히 고밀도 AI 서버의 경우, 액침 냉각이 거의 필수적인 솔루션이 되고 있습니다.

데이터센터에서 발생하는 열을 단순히 버리는 것이 아니라 재활용하는 것은 순환 경제의 중요한 부분입니다. 네이버 각 세종의 사

---

100) NAMU-III: 네이버가 자체 개발한 친환경 냉각 시스템으로, 외부 공기를 활용해 에너지 효율을 높인 기술.

레를 보면 그 가능성이 구체적으로 드러납니다.

이곳에서는 서버를 식힌 뒤 발생하는 폐열을 회수 시스템을 통해 온수로 생산하여 급탕 및 운영동 바닥 난방 등 다양한 용도로 활용하고 있습니다. 일부는 스노우멜팅 시스템을 통해 겨울철 데이터센터 내부 도로의 제설에도 사용됩니다. 이는 마치 난로의 열로 집 전체를 따뜻하게 하는 것과 같은 원리로, 버려지는 에너지를 유용하게 활용하는 셈입니다.

유럽에서는 더욱 대담한 시도가 이루어지고 있습니다. 데이터센터의 폐열을 지역 난방 시스템과 연계하는 프로젝트들이 진행되고 있는데, 스웨덴 스톡홀름의 경우 데이터센터 폐열을 활용해 연간 약 3만 가구에 난방을 제공하고 있습니다.

이러한 접근은 열 소비지 근처에 데이터센터를 배치하는 것이 중요함을 시사합니다. 이는 대규모 중앙 데이터센터에서 도시 내 또는 근처의 소규모 마이크로 데이터센터로의 전환을 촉진하고 있습니다.

데이터센터의 재생에너지 사용은 탄소 중립 달성의 핵심입니다. 하지만 단순히 재생에너지 인증서를 구매하는 것을 넘어, 실시간으로 재생에너지를 사용하는 것이 중요합니다.

네이버 각 세종은 이 분야에서 모범 사례를 보여 주고 있습니다. 태양광 발전 시설을 통해 전력을 추가 확보하고, 본관과 워크스테이션은 지열을 활용해 100% 냉난방에 활용하고 있습니다. 이러한 통합적 접근은 연간 약 1만 3000MWh의 전력을 절감하고 6000톤의 탄소배출을 절감할 것으로 기대됩니다.

마이크로그리드 기술을 실현한 데이터센터. [AI 생성]

마이크로그리드[101] 기술의 발전도 주목할 만합니다. 데이터센터가 자체 재생에너지 발전 시설과 에너지 저장 시스템을 갖추고, 전력망과 독립적으로 운영될 수 있는 능력을 갖추는 것입니다. 이는 전력망의 부담을 줄이면서도 안정적인 운영을 가능하게 합니다.

데이터센터의 냉각 과정에서 막대한 양의 물이 소비되는 것도 중요한 환경 문제입니다. 네이버 각 세종은 이 문제에 대해서도 창의적인 해결책을 제시하고 있습니다.

이곳에서는 지붕에 모인 빗물을 정화 후 냉각탑 보급수로 활용하거나 조경 용수로 재사용하고 있습니다. 또한 중수처리 시스템을 통해 세면기와 샤워기에서 사용한 물을 정화하여 화장실 용수로 재활용하

---

101) 마이크로그리드(Microgrid): 특정 지역이나 시설 단위에서 전기를 생산·저장·공급하는 소규모 전력망으로, 재생에너지 활용과 안정적인 전력 공급에 유리하다.

는 등, '물 재사용 시스템'을 도입하여 물 사용량을 크게 절감했습니다.

공냉식 냉각 시스템으로의 전환도 물 절약의 한 방법입니다. 특히 건조한 지역에서는 물 사용을 최소화하는 것이 중요한데, 직접 외기 냉각이나 간접 증발 냉각 같은 기술들이 개발되고 있습니다.

하드웨어 혁신과 전문화

범용 프로세서에서 AI 전용 프로세서로의 전환은 에너지 효율성을 크게 향상시키고 있습니다. GPU는 이미 CPU 대비 AI 연산에서 훨씬 효율적이지만, TPU나 NPU 같은 더욱 전문화된 프로세서들이 등장하고 있습니다.

텐서 프로세싱 유닛은 구글이 개발한 AI 전용 칩으로, 머신러닝 워크로드에 최적화되어 있습니다. 최근 연구에 따르면, TPU와 같은 애플리케이션별 프로세서는 범용 프로세서보다 전력 효율이 높고 W당 연산 성능을 2~5배 향상시킬 수 있습니다.

뉴로모픽 칩[102]은 더욱 혁신적인 접근법을 보여 줍니다. 인간 뇌의 신경망 구조를 모방한 새로운 형태의 프로세서로, 이벤트 기반 처리와 스파이킹 신경망을 사용하여 기존 디지털 컴퓨팅 대비 훨씬 적은 에너지로 작동할 수 있습니다. IBM의 'TrueNorth'나 Intel의

---

102) 뉴로모픽 칩(Neuromorphic Chip): 인간 뇌 신경망 구조를 모방해 정보를 처리하는 반도체 칩으로, 인공지능 연산을 보다 효율적이고 빠르게 수행할 수 있다.

'Loihi' 같은 칩들이 이 분야를 선도하고 있습니다.

칩렛[103] 기술은 독립적으로 개발된 소형 특수 반도체 부품을 결합하여 더 큰 집적 회로를 형성하는 접근법입니다. 이는 다양한 애플리케이션의 수요를 충족할 수 있는 확장 가능하고 유연한 방식을 제공합니다.

칩렛 아키텍처의 장점은 여러 가지입니다. 첫째, 각 칩렛을 최적의 공정 기술로 제조할 수 있어 전체적인 효율성이 향상됩니다. 둘째, 필요에 따라 특정 칩렛만 교체하거나 업그레이드할 수 있어 전자폐기물을 줄일 수 있습니다. 셋째, 표준화된 인터페이스를 통해 다양한 제조사의 칩렛을 조합할 수 있어 혁신이 가속화됩니다.

AI 워크로드에서 메모리 대역폭과 에너지 효율성은 매우 중요합니다. HBM(High Bandwidth Memory, 고대역폭메모리)과 같은 새로운 메모리 기술은 기존 DDR 메모리 대비 더 높은 대역폭과 낮은 전력소비를 제공합니다.

HBM 메모리가 장착된 데이터센터 내부 회로 기판. [AI 생성]

---

103)　칩렛(Chiplet): 작은 기능별 칩들을 레고 블록처럼 조합하여 하나의 큰 프로세서를 만드는 기술이다.

PIM[104] 기술은 더욱 혁신적입니다. 메모리 내에서 직접 연산을 수행하여 데이터 이동을 최소화합니다. 이는 von Neumann 병목 현상을 해결하고 에너지 효율성을 크게 향상시킬 수 있습니다. 삼성전자와 SK하이닉스 등이 이 분야에서 활발한 연구를 진행하고 있습니다.

비휘발성 메모리[105] 기술도 주목받고 있습니다. ReRAM, MRAM, PCM 같은 새로운 메모리 기술들은 전원이 꺼져도 데이터를 유지하면서도 빠른 속도를 제공하여, 대기 전력을 크게 줄일 수 있습니다.

AI 모델의 에너지 효율성은 하드웨어뿐만 아니라 소프트웨어 최적화에도 크게 의존합니다. 최신 컴파일러들은 AI 워크로드에 특화된 최적화 기법을 적용하여 연산 효율을 높이고 있습니다.

그래프 최적화는 신경망의 연산 그래프를 분석하여 불필요한 연산을 제거하고, 연산 순서를 재배열하여 메모리 접근을 최소화합니다. 연산자 융합[106]은 여러 연산을 하나로 합쳐 메모리 접근 횟수를 줄입니다.

텐서 컴파일러들은 하드웨어별 최적화를 자동으로 수행합니다. Apache TVM, 구글의 XLA, Facebook의 Glow 같은 프레임워크들이 이 분야를 선도하고 있습니다.

파워 캐핑[107] 기술은 GPU의 최대 전력 소비량을 제한하여 온도

---

104) PIM(Processing-In-Memory): 메모리 안에서 직접 연산을 처리하여 데이터를 옮기는 시간과 에너지를 절약하는 기술이다.
105) 비휘발성 메모리: 전원이 꺼져도 데이터가 사라지지 않는 메모리로, 대기 전력을 크게 줄일 수 있다.
106) 연산자 융합(Operator Fusion): 여러 개의 작은 연산을 하나의 큰 연산으로 합쳐서 처리하여 효율성을 높이는 기술이다.
107) 파워 캐핑(Power Capping): 프로세서가 사용할 수 있는 최대 전력량을 제한하여 과열을 방지하고 에너지 효율을 높이는 기술이다.

를 낮추고 수명을 연장합니다. 연구에 따르면, 적절한 파워 캐핑은 온도를 12도 정도 낮추고 수명을 30% 연장할 수 있습니다.

DVFS[108]는 워크로드에 따라 프로세서의 전압과 주파수를 동적으로 조절합니다. AI 추론 작업처럼 지연 시간이 덜 중요한 경우, 낮은 주파수로 실행하여 에너지를 절약할 수 있습니다.

작업 스케줄링 최적화도 중요합니다. 재생에너지가 풍부한 시간대에 에너지 집약적인 작업을 스케줄링하거나, 전력 가격이 낮은 시간대를 활용하는 등의 전략이 가능합니다.

탄소 인식 컴퓨팅[109]은 전력망의 탄소 집약도를 고려하여 컴퓨팅 작업을 스케줄링하는 접근법입니다. 재생에너지 비중이 높은 시간대나 지역으로 작업을 이동시켜 탄소 배출을 줄일 수 있습니다.

마이크로소프트의 Carbon Aware SDK나 구글의 Carbon-Intelligent Computing Platform 같은 도구들이 개발되어, 개발자들이 쉽게 탄소 인식 애플리케이션을 만들 수 있게 되었습니다.

지리적으로 분산된 데이터센터 간의 워크로드 마이그레이션도 가능합니다. 예를 들어, 태양광 발전이 활발한 낮 시간대에는 해당 지역의 데이터센터로 작업을 이동시키는 방식입니다.

---

108) DVFS(Dynamic Voltage and Frequency Scaling): 작업량에 따라 프로세서의 속도와 전압을 자동으로 조절하여 필요 이상의 전력을 사용하지 않게 하는 기술이다.
109) 탄소 인식 컴퓨팅: 전력 생산 시 발생하는 탄소 배출량을 고려하여 작업 시간과 장소를 조정하는 컴퓨팅 방식.

차세대 컴퓨팅 패러다임

AI가 예상한 양자컴퓨터 기반의 데이터센터의 모습. [AI 생성]

양자컴퓨팅은 특정 유형의 AI 작업에서 기존 컴퓨터보다 훨씬 효율적일 수 있는 잠재력을 가지고 있습니다. 특히 최적화 문제나 패턴 인식 같은 작업에서 양자 우위를 달성할 가능성이 있습니다.

양자-고전 하이브리드 알고리즘[110]은 양자컴퓨터와 기존 컴퓨터의 장점을 결합합니다. 여기에는 QAOA(Quantum Approximate Optimization Algorithm)나 VQE(Variational Quantum Eigensolver) 같은 알고리즘들이 개발되고 있습니다.

하지만 양자컴퓨터는 극저온 유지 등으로 인해 상당한 에너지를 소비합니다. 따라서 전체적인 에너지 효율성을 달성하려면 양자 우위가 이러한 오버헤드를 상쇄할 수 있을 만큼 충분히 커야 합니다.

---

110)　하이브리드 알고리즘: 양자컴퓨터와 기존 컴퓨터를 함께 사용하여 각각의 장점을 살린 연산 방식.

광컴퓨팅[111]은 전자 대신 빛을 사용하여 정보를 처리합니다. 이는 이론적으로 훨씬 빠른 속도와 낮은 에너지 소비를 가능하게 합니다.

실리콘 포토닉스[112] 기술은 기존 반도체 공정을 활용하여 광학 부품을 제조할 수 있게 합니다. 이는 데이터센터 내 광 인터커넥트 부터 시작하여 점차 연산 영역으로 확대되고 있습니다.

광학 신경망[113]은 빛의 간섭과 회절을 이용하여 행렬 곱셈을 수행 합니다. MIT의 연구진들은 이러한 시스템이 기존 전자 시스템보다 100배 이상 에너지 효율적일 수 있다고 보고했습니다.

DNA 컴퓨팅[114]은 DNA 분자의 병렬 처리 능력을 활용합니다. 1 그램의 DNA는 이론적으로 215PB(=22만160TB)의 데이터를 저장할 수 있으며, 에너지 소비도 매우 낮습니다.

생물학적 신경망을 모방한 습식 컴퓨팅[115]도 연구되고 있습니다. 실 제 뉴런을 배양하여 컴퓨팅에 활용하려는 시도들이 진행 중입니다.

이러한 접근법들은 아직 초기 단계이지만, 장기적으로는 현재의 실 리콘 기반 컴퓨팅의 한계를 넘어설 수 있는 가능성을 보여 줍니다.

데이터센터 하드웨어의 수명을 연장하는 것은 전자폐기물을 줄이 는 가장 효과적인 방법 중 하나입니다. 연구에 따르면, 다운사이클

---

111) 광컴퓨팅: 전자 신호 대신 빛(광자)을 사용하여 데이터를 처리하는 컴퓨팅 방식으로, 속도가 빠르고 에너지 효율이 높다.
112) 실리콘 포토닉스(Silicon Photonics): 실리콘 반도체를 이용해 빛을 발생, 전송, 검출하는 기술로, 고속 데이터 통신과 컴퓨터 칩의 성능 향상에 활용된다.
113) 광학 신경망: 빛의 물리적 성질을 이용해 AI 연산을 수행하는 시스템으로, 전자 방식보다 에너지 효 율이 높다.
114) DNA 컴퓨팅(DNA Computing): DNA 분자의 화학적 특성을 이용해 계산을 수행하는 기술로, 기존 컴 퓨터로 해결하기 어려운 복잡한 문제를 해결하는 잠재력을 가진다.
115) 습식 컴퓨팅(Wetware Computing): 살아 있는 생물학적 요소를 이용한 컴퓨팅 방식으로, 뇌의 뉴런 같은 생체 조직을 직접 활용한다.

링[116]을 통해 서버의 평균 수명을 1년만 연장해도 2020~2030년 사이 전자폐기물을 58% 줄일 수 있습니다.

예측 유지보수[117]는 AI를 활용하여 하드웨어 고장을 사전에 예측하고 대응합니다. 이는 갑작스러운 고장으로 인한 전체 교체를 방지하고, 필요한 부품만 교체할 수 있게 합니다.

열 관리 최적화도 중요합니다. 적절한 온도 관리는 하드웨어 수명을 크게 연장시킬 수 있습니다. 열 인식 스케줄링[118]은 프로세서의 열 스트레스를 줄여 수명을 연장합니다.

모듈 재사용 전략은 노후화된 서버의 중요 모듈(GPU, CPU, 메모리, 배터리 등)을 해체, 개조, 재조립한 후 다운사이클링 컴퓨팅에 재사용하는 것입니다. 이는 전자폐기물을 21% 줄일 수 있습니다.

컴포넌트 레벨 재활용은 더 세밀한 수준에서 이루어집니다. 예를 들어, AI 서버의 PCB[119]에서 귀금속을 회수하거나, 희토류 원소를 추출하는 기술들이 개발되고 있습니다.

리퍼비시[120] 프로그램도 활성화되고 있습니다. 대형 클라우드 업체들의 1세대 AI 서버를 중소기업이나 연구기관에서 재사용하는 방식으로, 하드웨어의 전체 수명 주기를 연장합니다.

---

116) 다운사이클링(Downcycling): 고성능 컴퓨터나 서버에서 더 이상 최신 작업을 처리하기 어려운 부품 (CPU, GPU, 메모리 등)을 성능이 낮은 작업이나 테스트용으로 재사용하는 방식. 자원을 버리지 않고 활용하지만, 원래 성능보다 낮은 수준으로 활용된다.
117) 예측 유지보수: AI로 장비 상태를 분석해 고장 시점을 미리 예측하여 적절한 시기에 부품을 교체하는 방식.
118) 열 인식 스케줄링(Thermal-Aware Scheduling): 컴퓨터나 서버에서 작업을 배치할 때 장치 온도를 고려해 과열을 방지하고 성능을 최적화하는 스케줄링 기법이다.
119) PCB(Printed Circuit Board): 전자 부품들이 연결되는 회로 기판으로, 컴퓨터나 스마트폰 내부에서 볼 수 있는 녹색 판자 모양의 부품이다.
120) 리퍼비시(Refurbish): 중고 제품을 수리하고 성능을 복원하여 새 제품처럼 다시 판매할 수 있게 만드는 과정이다.

설계 단계부터 재활용을 고려하는 '친환경 설계'[121] 원칙이 중요해지고 있습니다. 쉽게 분해 가능한 모듈식 설계, 재활용 가능한 소재 사용, 유해 물질 최소화 등이 포함됩니다.

바이오 기반 소재의 사용도 연구되고 있습니다. 예를 들어, PCB의 기판 소재로 생분해성 플라스틱을 사용하거나, 냉각 시스템에 바이오 기반 냉매를 사용하는 시도들이 있습니다.

제조 과정의 탄소 발자국 감소도 중요합니다. 재생에너지를 사용한 제조 시설, 물 재활용 시스템, 폐기물 제로 공장 등의 노력이 진행되고 있습니다.

규제와 표준화의 역할

유럽연합의 에코디자인 지침[122]은 제조업체가 에너지 소비와 환경 영향을 최소화하도록 제품을 설계하도록 의무화하고 있습니다. 서버 및 데이터 스토리지 제품에 대한 규정은 서버의 전원 공급 장치에 대한 소비 제한을 정의합니다.

PUE 지표를 넘어서는 새로운 메트릭들이 개발되고 있습니다.

---

121)　친환경 설계(Design for Recycling): 제품을 만들 때부터 나중에 재활용하기 쉽도록 설계하는 방식이다.

122)　에코디자인 지침(Eco-Design Guidelines): 제품 설계 단계에서부터 환경 영향을 최소화하도록 고려하는 기준과 방법을 말하며, 재료 선택, 에너지 효율, 재활용 용이성 등을 포함한다.

CUE [123], WUE [124] 같은 지표들이 데이터센터의 종합적인 환경 영향을 평가하는 데 사용됩니다.

국제전기통신연합의 권고안 [125]은 ICT 제품의 전체 수명 주기에 걸친 에너지 소비와 탄소 배출을 계산하는 방법을 제시합니다. 이는 제조, 운송, 사용, 폐기 단계를 모두 포함하는 포괄적인 접근입니다.

OECD는 2026년까지 AI 전력 공개 가이드라인을 발표할 예정이며, EU의 AI 법안에서도 전력 공개 의무화가 검토되고 있습니다. 이러한 투명성 요구는 기업들이 에너지 효율성을 개선하도록 압력을 가합니다.

ESG 보고서의 표준화도 진행되고 있습니다. TCFD [126] 프레임워크는 기후 관련 재무 정보 공개를 체계화하고 있으며, 이는 데이터센터 운영자들에게도 적용됩니다.

미국 에너지부는 데이터센터의 에너지 효율 개선을 위한 다양한 프로그램을 운영하고 있습니다. 더 나은 데이터센터 촉진 [127] 프로그램은 기술 지원과 모범 사례 공유를 통해 산업계를 지원합니다.

세제 혜택도 제공됩니다. 미국의 45Y 세액 공제와 48E 투자 세액 공제는 청정 에너지 투자를 촉진합니다. 한국에서도 그린 데이터센

---

123) CUE(Carbon Usage Effectiveness): 데이터센터가 소비하는 전력 중 실제 IT 장비 운영에 쓰인 전력 대비 발생한 탄소 배출 비율을 나타내는 지표로, 친환경 운영 정도를 평가할 때 사용된다.

124) WUE(Water Usage Effectiveness): 데이터센터에서 IT 장비 1단위가 사용할 수 있는 전력 대비 물 사용량을 나타내는 지표로, 냉각 효율과 친환경 운영 정도를 평가할 때 사용된다.

125) 국제전기통신연합의 권고안(ITU-T L.1450): 국제전기통신연합이 정한 ICT 장비의 환경 영향 측정 표준으로, 제품의 전 생애주기를 평가한다.

126) TCFD(Task Force on Climate-related Financial Disclosures): 기후 변화가 기업 재무에 미치는 영향을 공개하도록 하는 국제 기준.

127) 더 나은 데이터센터 촉진(Better Buildings Data Center Accelerate): 미국 에너지부(DOE) 프로그램으로, 데이터센터의 에너지 효율을 높이고 운영 비용과 탄소 배출을 줄이기 위해 기술과 모범 사례를 공유하는 프로젝트다.

터 인증제도와 관련 세제 혜택이 마련되고 있습니다.

연구개발 지원도 활발합니다. EU의 호라이즌 유럽[128] 프로그램은 지속 가능한 컴퓨팅 기술 개발에 상당한 자금을 투자하고 있으며, 한국의 그린뉴딜 정책도 친환경 데이터센터 기술 개발을 지원하고 있습니다.

미래 전망과 통합적 접근

지속 가능한 AI를 위한 기술적 노력은 개별 기술의 발전뿐만 아니라 이들의 통합과 융합에서 더 큰 효과를 발휘할 것입니다. 예를 들어, 엣지 컴퓨팅과 5G/6G 네트워크의 결합은 분산 AI 처리를 더욱 효율적으로 만들 것입니다.

AI 자체가 에너지 효율성을 개선하는 도구가 되는 선순환 구조도 기대됩니다. AI를 활용한 데이터센터 운영 최적화, 전력망 관리, 재생에너지 예측 등은 전체 시스템의 효율성을 높일 수 있습니다.

데이터센터 산업은 점차 서비스업에서 에너지 산업으로 진화하고 있습니다. 데이터센터가 전력망의 유연성 자원으로 활용되고, 수요 반응 프로그램에 참여하며, 심지어 에너지를 저장하고 공급하는 역할까지 수행하게 될 것입니다.

---

128) 호라이즌 유럽(Horizon Europe): EU의 대규모 연구개발 지원 프로그램으로, 2021~2027년 동안 약 1000억 유로를 투자하는 계획이다.

순환 경제 모델의 정착도 예상됩니다. 하드웨어 애즈 어 서비스[129] 모델이 확산되면서 제조업체가 제품의 전체 수명 주기에 책임을 지게 되고, 이는 더 내구성 있고 업그레이드 가능한 제품 설계로 이어질 것입니다.

기후 변화는 글로벌 문제이므로, 지속 가능한 AI 기술 개발도 국제적 협력이 필수적입니다. 기술 표준의 국제적 조화, 모범 사례의 공유, 공동 연구개발 등이 필요합니다.

개발도상국의 AI 인프라 구축 시 처음부터 지속 가능한 기술을 적용하는 '리프프로깅'[130] 전략도 중요합니다. 이는 선진국의 시행착오를 반복하지 않고 바로 최신 친환경 기술을 도입하는 것을 의미합니다.

지속 가능한 AI를 향한 기술적 노력은 단순히 에너지 효율성을 개선하는 것을 넘어, AI 산업 전체의 패러다임을 변화시키고 있습니다. 모델 경량화부터 양자컴퓨팅까지, 친환경 냉각 시스템부터 순환 경제 모델까지, 다양한 층위에서의 혁신이 동시다발적으로 진행되고 있습니다.

중요한 것은 이러한 기술적 노력들이 개별적으로가 아니라 통합적으로 접근되어야 한다는 점입니다. 하드웨어와 소프트웨어의 공동 최적화, 에너지 시스템과의 통합, 규제 프레임워크와의 조화 등이 모두 필요합니다.

또한 기술 혁신만으로는 충분하지 않다는 것이 명확해지고 있습

---

129) 하드웨어 애즈 어 서비스(Hardware-as-a-Service): 하드웨어를 구매하는 대신 서비스로 이용하는 모델로, 제조업체가 제품의 전체 생애주기를 관리한다.

130) 리프프로깅(Leapfrogging): 개발도상국이 중간 단계를 건너뛰고 바로 최신 기술을 도입하는 발전 방식.

니다. 경제적 인센티브, 규제 정책, 사회적 인식 변화 등이 함께 이루어져야 진정한 지속 가능성을 달성할 수 있습니다. 특히 기업의 자발적 참여와 투명성 제고가 중요한 역할을 할 것입니다.

미래의 AI는 단순히 강력한 것이 아니라 지속 가능한 것이어야 합니다. 이를 위한 기술적 기반은 이미 마련되고 있으며, 빠르게 발전하고 있습니다. 이제 필요한 것은 이러한 기술들을 실제로 구현하고 확산시키는 의지와 행동입니다.

AI 데이터센터의 전력 소비는 이미 한 국가에 맞먹는 수준에 도달했으며, 그 증가 속도는 전력 공급 능력을 앞서고 있습니다. 하지만 다양한 기술적 해결책들은 이 문제에 대한 현실적인 대안을 제시하고 있습니다.

지속 가능한 AI는 선택이 아닌 필수입니다. 기술적 혁신은 이를 가능하게 하는 도구를 제공하고 있으며, 우리는 이 도구들을 현명하게 사용하여 AI의 혜택을 누리면서도 지구 환경을 보호하는 균형을 찾아야 합니다. 이것이 바로 우리 시대가 직면한 가장 중요한 기술적 도전이자 기회입니다.

AI의 고에너지 소비 현실을 직시하고 그 대응 방안을 모색하는 것은 이번 취재 전 과정을 관통한 핵심 주제였습니다.

AI의 필요성을 모르는 사람은 많지 않지만, 그 AI를 작동시키기 위한 전력 수요 대응 방안에 대해서는 전문가들마다 견해가 달랐습니다. 이는 각자의 전문 분야에서 AI를 더 효율적이고 경제적으로 활용하기 위한 연구가 진행 중임을 의미합니다.

전문가들은 AI의 활용 목적에 따라 시스템을 세분화하고, 맞춤형 구조를 통해 효율화를 모색하는 경향을 보였습니다. 특히 델프트 공과대학교의 에런 딩(Aaron Ding) 수석 부교수이자 사이버 물리 지능연구소(CPI) 소장이 연구 중인 '엣지 AI(Edge AI)' 개념이 인상적이었습니다.

기술은 발명 이후 점점 더 적은 자원으로 더 높은 성과를 내는 방향으로 발전해 왔습니다. 이러한 기술혁신 효율성의 흐름은 앞으로 AI 기술이 어떤 형태로 진화하고 적용될지를 가늠하게 합니다.

개인용 PC가 사용 목적에 따라 데스크톱, 노트북, 태블릿, 스마트폰 등으로 다양화되었듯, AI 또한 목적과 환경에 따라 가벼운 구조의 엣지 AI로 분화될 가능성이 크다고 전문가들은 입을 모았습니다.

그러나 지속 가능한 미래는 AI 기술의 발전만으로는 구현될 수 없습니다. AI의 성능 향상과 함께 주변 환경 요소의 최적화, 즉 에너지 인프라의 개선 역시 필수적이라는 점에 저희는 주목했습니다.

미국 에너지부가 공개한 자료를 비롯해, 데이터센터가 밀집한 국가들의 에너지 정책과 관련 논문을 검토했습니다. 또한 현지 전문가들과의 질의를 통해 다양한 시각을 수집할 수 있었습니다.

결국 지속 가능한 AI 생태계를 구축하기 위해서는 전력 수요와 공급의 균형이 핵심입니다. 에너지 생산의 근본적인 문제가 해결된다면 전력 수요에 대한 우려는 다소 완화될 수 있을 것입니다. 그러나 현재로서는 '조절 가능한 수요 관리'에 초점을 맞춰 기술 개발이 이뤄져야 한다는 점에 전문가들의 의견이 대체로 일치했습니다.

우리가 할 수 있는 실천

2020년 2월 기후위기비상행동 관계자들이 서울 종로구 세종문화회관 앞 계단에서 기후 위기로 인한 생물 멸종 가속화를 상징하는 다이인(die-in) 퍼포먼스를 선보이고 있다. [노컷뉴스 제공]

　지금 전 세계는 기후 위기 앞에 너무나도 무력합니다. 매일 뉴스를 통해 세계 각국에서 기후 재앙으로 신음하는 사람들의 비극을 접할 수 있습니다. 전례 없는 폭염에 삶의 터전을 잃고, 거대한 홍수에 모든 것을 떠나보내는 사람들이 끊임없이 늘어나고 있습니다. 반대편엔 끝없는 가뭄에 희망마저 시들어 가는 이웃들도 있습니다.

　세계 각국에서 기후로 신음하는 사람들을 구해 내기 위해, 국가별 정상들은 지구 평균기온 상승을 막아 산업화 이전 수준으로 되돌리자고 함께 선언했습니다. 이 선언이 바로 '파리기후협정'입니다.

하지만 파리 협정을 현실화시키기 위해 전 세계가 함께 노력하기로 약속한 만큼 기후를 온전히 지켜내지는 못했습니다. 지구 평균 기온을 1.5℃ 이상 넘기지 말자고 약속했지만 이미 지구 평균 기온이 1.2℃ 상승한 것으로 나타났습니다. 이 속도대로라면 2℃ 이상을 넘길 것으로 예측됩니다. 2100년까지 2.4~2.9℃를 기록할 것이라는 연구도 있습니다.

만약 이렇게 지구 평균 기온이 2℃를 넘으면 수억 명이 기후 빈곤과 식량 불안정에 노출될 것으로 전망됩니다. 단 0.5℃ 차이로 생사의 경계를 넘나드는 사람이 너무 많습니다.

기후 위기는 간단하게 해결할 수 있는 문제가 아닙니다. 매우 복잡하고 실질적인 문제입니다. 세계경제포럼은 2000년 이후 극한 기후현상으로 인한 피해액이 최소 약 3조 달러에 달한다고 밝혔습니다. 연간 1500억 달러씩 손실이 발생하고 있는 셈입니다. 국제 상업회의소는 지난 10년간 2조 달러에 육박한다고 발표했습니다.

기후 위기는 더 이상 먼 미래의 예언이 아닙니다. 당장 우리 지갑 속 돈을 훔쳐 가는 보이지 않는 손이자, 우리 아이들의 미래를 붙잡는 현실입니다.

하지만 언제나 위기는 기회입니다. 우리는 그동안 인류가 한 번도 경험해 보지 못한 AI 혁명을 지켜보고 있습니다. 스스로 학습하고 생각해서 논리적인 답변을 내놓는 개인 비서로까지 진화하고 있기 때문입니다.

이렇게 우리 손에 양날의 검인 AI가 주어졌습니다. 잘못 다루면 분명히 위험하고, 많은 피해가 예상됩니다. 하지만 그만큼 AI를 안정적이고 현명하게 다룰 수 있다면, 엄청난 도움을 받을 수 있습니다.

이어 AI 패러독스를 넘어설 구체적인 해결 방안들을 모색해 봅니다. 위기의 본질을 꿰뚫어 문제의 실마리를 풀어낼 여러 방법들을 순서대로 짚어 보고, 그 중심에 있는 '쌍둥이 전환'이라는 거대한 청사진을 그려 보며 구체적인 실천 방법을 찾아볼 것입니다. 그리고 이 거대한 전환을 위해 국가와 사회, 그리고 우리 개개인은 무엇을 해야 하는지 그 길을 함께 찾아보고자 합니다.

쌍둥이 전환

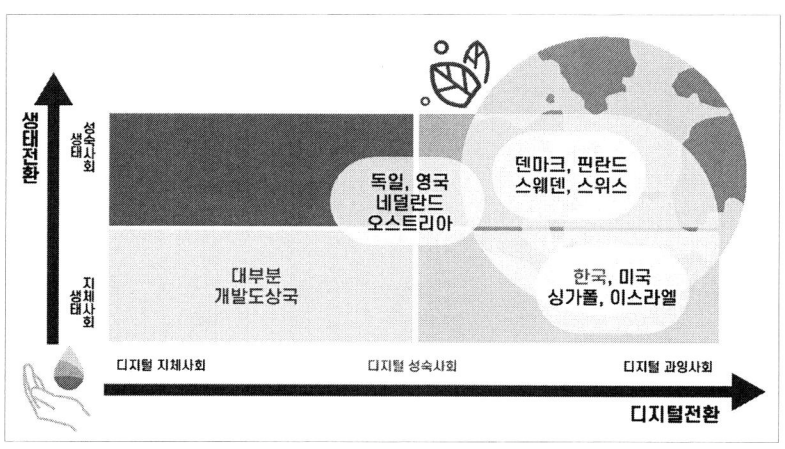

국가별 디지털/생태 전환 비율을 나타낸 연구 결과. [김병권 연구위원 제공]

AI 패러독스의 가장 대표적인 해결책 중 하나가 바로 쌍둥이 전환[131]입니다. 쌍둥이 전환은 디지털 전환과 녹색 전환을 모두 아우르는 개념이며, 이미 각종 국제단체 보고서에 공식적으로 등장하기 시작한 단어입니다.

디지털 전환은 정보통신 인프라를 구축하거나 기술 혁신을 지원하기 위한 장비와 전력을 확충하는 등의 활동을 의미합니다. 디지털 전환이 이뤄지지 않는다면 AI 시대 산업의 효율성을 최대로 끌어올리지 못하거나 편의를 포기해야 하는 손해를 볼 수 있습니다.

우리나라는 디지털 전환에 초점이 맞춰진 국가입니다. 녹색전환연구소의 김병권 연구위원이 2022년 유엔의 전자정부발전지수와 2022년 미국 예일대에서 발표한 환경성과지수를 종합한 연구 결과에 따르면, 우리나라는 디지털 편향이 매우 두드러집니다.

한편 녹색 전환은 온실가스 감축이나 생태계 보전 등을 뜻합니다. 녹색 전환이 이뤄지지 않는다면 기후 위기로 인해 막대한 피해를 보고 회복되지 않을 가능성이 큽니다. 학계에서는 '쌍둥이 전환'이라는 단어 대신 일부 '디지털-지속 가능성' 혹은 '이중 전환'이라는 개념을 사용하기도 하는데, 모두 디지털과 환경을 고루 생각하자는 취지이므로, 개념상 큰 차이는 없습니다.

크게 보면 쌍둥이 전환을 선도하는 국가별 기준을 크게 세 갈래로 정리할 수 있습니다. 유럽연합은 쌍둥이 전환을 위한 규범적 선도자 역할을, 미국은 산업에서 실현시키기 위한 유인 정책을, 중국

---

131)　쌍둥이 전환(Twin Transition): 경제·산업 분야에서 디지털 전환(Digital Transition)과 녹색 전환(Green Transition)을 동시에 추진해 경쟁력과 지속 가능성을 높이는 전략을 뜻한다.

은 국가 주도 인프라 구축을 이뤄 나가고 있습니다.

유럽연합은 쌍둥이 전환에 가장 적극적으로 나서고 있습니다. 2020년 유럽연합은 예리한 통찰을 담은 공식 보고서를 발표했습니다. 그 내용을 보면 실감이 납니다.

> "녹색 전환과 디지털 전환은 서로 연계되면 많은 이점을 가져올 수 있음에
> 도 불구하고 너무 오랫동안 개별적으로 추진되었습니다. (중략) 하이 두 가
> 지 전환이 서로 어떻게 상호작용하는지와 잠재적인 긴장의 근원이 어디에
> 있는지 파악하는 것은 매우 중요합니다."

유럽연합의 여러 국가 중 쌍둥이 전환에 가장 선구적인 국가는 독일입니다. 독일은 디지털과 에너지 전환을 균형 있게 추구하기 위해 2045년까지 완전한 탈탄소 목표를 내세웠습니다. 이를 실현하기 위해 에너지 부문 기업들이 쌍둥이 전환을 오히려 선도하고 있다는 설문조사도 발표됐을 정도로 민관이 협력하여 전력투구하고 있습니다.

다만 아직 우리나라는 산업에서 쌍둥이 전환이 상용화돼 있지 않습니다. 2020년 한국판 뉴딜 정책에서 '디지털 뉴딜'과 '그린 뉴딜'을 양대 축으로 설정하면서 총 160조 원을 투자해 나가는 정책을 수립했지만 코로나19와 정치적 민감성을 이유로 실현되지 못했습니다.

정치·경제·사회 전반의 디지털 기술과 기후·환경 목표를 동시에 이루기 위한 관련 연구와 사회적 담론 등은 여전히 뜨거운 감자입니다. 국가를 초월한 학계와 자국 이익 중심의 정관계가 똑같은 담론을 화두로 내놓고 있습니다. 환경과 기술이라는 이른바 '두 마리 토

끼'를 모두 잡기 위한 전략들이 하나둘씩 구체적인 전략과 정책으로 나오기 시작한 것입니다.

이는 두 개의 전환이 본질적으로 깊이 연관돼 있으며 한쪽의 발전이 다른 쪽의 발전을 밀어 올리는 공생관계에 있다는 생각이 빠르게 확산되고 있기 때문입니다.

쌍둥이 전환이라는 개념 자체가 제기된 시기로부터 역산해 보면, 학계의 반응과 국가별 정책 수립 속도는 매우 빠릅니다. 최초로 쌍둥이 전환이라는 명칭이 우리 사회에 등장한 건 2019년 이후입니다. 2019년 당시 유럽연합은 '유럽 그린딜' 프로젝트를 통해 탄소 중립과 지속 가능성을 중심으로 한 녹색 전환, 디지털을 통한 발전을 미래 발전의 양대 축으로 설정했습니다. 쉽게 말해, 미래로 걸어가기 위한 두 개의 다리를 구체적으로 이름 붙인 셈입니다.

특히 유럽연합 집행위원회는 유럽 산업 경쟁력의 동력으로 쌍둥이 전환을 제시했습니다. 단순히 일부 학계의 주장이 아니라 국가별 산업 정책으로 채택하여 전략적 우선순위에 놓이기 시작했습니다. 단 5년도 걸리지 않았습니다.

그동안 우리 사회는 환경은 환경대로, 기술은 기술대로 각자의 영역을 넓혀나갔습니다. 디지털과 친환경 전환을 염두에 둔 각각의 전략을 수립하기는 했으나, 두 분야를 융합하는 명시적인 정책으로 구현해 낸 사례는 드물었습니다. 오히려 때론 각자의 영역을 넓혀 가는 과정에서 충돌을 피할 수 없는 상황이 펼쳐지기도 했습니다. 대표적인 사례가 바로 에너지 영역입니다.

에너지 영역 중 '전기 송·배전 시설 설치' 문제는 환경과 기술이 충돌하는 문제였습니다. 이른바 '밀양 송전탑'으로 알려진 문제가 대표적입니다. 2005년 경상남도 밀양시에 765kV급의 초고압 송전선로를 건설하는 과정에서 한국전력공사와 밀양 주민들 사이에 극심한 사회적 갈등이 있었습니다. 행정대집행을 단행하고서도 갈등의 씨앗은 여전히 남았습니다.

이러한 갈등은 오늘날에도 유사한 모습으로 재현되고 있습니다. 현 정부의 '에너지 고속도로' 공약을 이행하기 위해 동해안에서부터 수도권까지 초고압 직류 송전선을 건설하겠다는 사업은 시민들의 환경권을 문제로 마찰을 빚었습니다. 이와 같은 정부와 주민 간 마찰로 인해 2025년 8월 기준 건설 중인 31개 송전선로 중 26곳의 공사가 중단되거나 지연됐다는 보도도 나왔습니다. 지역에서 생산한 전기를 전국 방방곡곡으로 보내기 위한 여러 시설이 기피·혐오 대상이 되어 버렸습니다.

원전의 경우도 마찬가지입니다. 원자력 발전을 통한 전력 생산은 오늘날 대한민국에 필수적입니다. 전기를 만들어 내기 위해 여러 공급원이 필요하며, 그중 하나가 안정적인 원자력 발전입니다. 이러한 원자력 발전은 전기를 생산하는 값이 싸다는 장점이 있습니다. 2024년 원자력 발전은 우리나라 전력 생산의 32.5%를 차지합니다. 그 외엔 LNG 29.8%, 석탄 29.4%, 신재생 6.9% 순으로 집계되어 원자력이 전력 생산에 가장 중요한 기초임을 알 수 있습니다.

하지만 그만큼 수많은 비판도 제기됩니다. 수명을 다 한 원자력 발전소의 방사성 폐기물을 처리할 수 없다는 문제와 원자력 발전소 사고 발생 시 피폭의 위험성을 간과할 수 없는 등의 다양한 환경적 우려가 끊임없이 제기되고 있습니다.

또한 AI 개발을 위한 데이터센터 위치 선정 문제도 이와 유사합니다. AI 핵심 인프라인 데이터센터가 주택가와 학교 인근으로 입지를 선정하면서 주민들과의 갈등으로 이어지는 경우입니다. GS건설이 추진하는 경기도 고양시의 데이터센터, 서울 구로구의 KT 클라우드 데이터센터 등 국내 곳곳에서 환경과 기술이 부딪히는 사례가 번번이 튀어나오고 있습니다. 쌍둥이 전환이 오늘날 우리 사회에 필요한 이유는 바로 이러한 사회적 갈등을 해소한다는 측면에서도 매우 유익합니다.

신재생 에너지에서 출발

신재생에너지는 크게 태양광, 풍력, 수력 발전으로 나뉜다. [AI 생성]

따라서 친환경 에너지로의 전환이 이러한 쌍둥이 전환을 이룩하기 위한 기본적인 출발점입니다. 신재생에너지는 크게 태양광(혹은 태양열), 풍력, 수력, 기타(바이오, 지열) 등으로 나뉩니다. 태양 빛이나 열이 배터리에 흡수되어 전력을 생산하는 방식이 태양광입니다. 풍력은 바람으로 터빈을 회전시켜 전기를 얻는 방식이며, 수력은 물의 위치·운동에너지를 이용해 전기를 생산합니다. 그 외에 유기물의 화학반응을 통해 에너지를 얻거나 땅 밑에서 발생하는 열을 이용하는 지열 발전도 있습니다.

이렇게 다양한 신재생에너지는 온실가스 배출량이 0에 가깝습니다. 신재생에너지가 내뿜는 온실가스는 생산 이동 과정을 모두 합쳐도 석탄화력 발전에서 배출하는 온실가스에 비해 최대 1~10% 수준입니다. 환경적인 측면에서 압도적 우위에 있습니다.

신재생에너지가 친환경적이라는 것을 알면서도 과감하게 선택하기 어려운 사정이 있습니다. 가격과 품질, 그리고 네트워크 문제입니다.

먼저 첫 번째는 가격 문제입니다. 산업통상자원부의 제10차 전력수급기본계획 실무안에 따르면, 2021년 기준 국내 주요 발전원별 균등화발전비용[132]이 석탄화력 132.8원/kWh, 태양광 134.1원/kWh, 풍력 165.6원/kWh으로 나타났습니다.

물론 2030년에는 신재생에너지의 균등화발전비용이 급격하게 낮아질 것으로 예상됩니다. 전기본 실무안에 따르면, 2030년에는 국내 주요 발전원별 균등화발전비용이 태양광 95.6원/kWh, 풍력 137.6원/kWh, 석탄화력 150.1원/kWh으로 예상됩니다. 특히 지구에 석탄의 양은 한정되어 있는데 계속 캐내다 보면 가격이 올라갈

---

132) 균등화발전비용(Levelized Cost of Electricity): 발전소를 건설하고 운영하는 데 드는 모든 비용을 발전량으로 나눈 값으로, 서로 다른 발전 방식의 전기 생산 비용을 비교할 때 사용된다.

수밖에 없습니다. 반대로 태양이나 바람은 무제한에 가깝기 때문에 향후 자원의 측면에서는 압도적 우위에 설 수밖에 없습니다.

또한 기술 발전과 규모의 경제도 고려해야 합니다. 태양광 패널이나 풍력 터빈의 효율은 점차 개선되고 있고, 중국 등을 중심으로 한 태양광 패널 대량 생산 체제가 도입되면서 생산 단가가 크게 하락하고 있습니다. 초기 시설만 갖춰진다면 그 이후 유지 비용은 석탄화력 발전보다 크게 낮아집니다. 그러나 향후 단 10여 년의 기간 동안 더 싼값의 발전을 고수하려고 한다면 환경에 큰 피해를 입힐 수밖에 없습니다.

게다가 해외의 경우는 이미 신재생에너지의 단가가 더 낮습니다. 우리나라가 그동안 전력 생산을 석탄화력발전에 의존하고 있었기 때문에 이 체제로부터 탈피하는 데 드는 비용이 높을 뿐입니다.

라자드[133]의 에너지 비용 분석 자료에 따르면, 2023년 기준 주요 발전원별로 태양광 29~74달러/MWh, 풍력 29~75달러/MWh, 석탄화력 73~166달러/MWh, 원자력 141~221달러/MWh 순으로 집계됐습니다.

특히 각 발전원별 특징을 설명하면서 태양광은 지난 10년간 가장 극적인 가격 하락을 보였다는 점을 강조했고, 석탄화력 발전은 연료비 변동성, 탄소 배출 비용 증가로 인한 경쟁력이 하락하고 있다는 사실을 중점으로 밝혔습니다. 원자력은 발전 과정 자체에서는 친환경적으로 보일지 몰라도 초기 건설 비용이 매우 높고, 안전 관리 및

---

133) 라자드(Lazard): 미국의 글로벌 투자은행 겸 자산운용사로, 금융 자문과 투자 전략, 재생에너지 비용 분석 등 다양한 금융·경제 보고서를 발행한다.

고위험 방사능 폐기물 비용을 고려하면 가장 비싸다고 설명했습니다. 종합적으로 가격 경쟁력을 따져 보면 전 세계 표준은 신재생에너지를 향해 가고 있는 것을 알 수 있습니다.

우리나라 역시 신재생에너지를 늘려나가기 위한 조건은 이미 충분합니다. 델프트 공과대학의 에런 딩 소장에 따르면, 기본적으로 재생에너지 발전을 독려하기 위해 위·경도 혹은 자연환경에 따른 실질적인 장애물은 없습니다. 우리나라 국토의 70% 이상이 산지이며, 인구 밀도가 높아 태양광이나 풍력발전을 설치하기 어려운 입지 환경이라는 지적에 대한 반론입니다.

딩 소장의 설명에 따르면, 핀란드는 강을 이용한 수력발전을 통해 대량의 전기를 생산합니다. 국가별 자연 상황에 걸맞은 전략적인 발전 방식이 있을 뿐, 재생에너지 발전에 불리한 환경은 없다는 설명이었습니다. 실제로 우리나라는 굳이 태양광이나 풍력과 같은 발전이 아니어도 서해의 조수간만의 차를 이용한 조력 발전 등이 가능한 지형을 가지고 있습니다.

신재생에너지의 두 번째 문제는 품질입니다. 태양광과 태양열은 기본적으로 고품질의 전력을 꾸준하게 생산하기 어렵습니다. 24시간 365일 내내 태양이 하늘에 떠 있지 않기 때문입니다. 바람 또한 마찬가지입니다. 분명히 자연은 풍부하지만 일정하지 않습니다. 따라서 해가 떠 있지 않거나 바람이 불지 않는 시간에는 전력이 듬성듬성 생산될 수밖에 없습니다.

이 문제는 AI를 개발하기 위한 데이터센터의 안정성과 직결됩니다. 모든 데이터센터의 전력을 신재생에너지로부터 얻는다면, 전력이 끊기는 순간에 학습 데이터 손실과 서버 작동 중지 등 불편을 초래할 수 있습니다. 2022년 10월, 경기도 판교의 SK C&C 데이터센터에서 화재가 발생해 카카오 서비스가 중단되기도 했었습니다. 당시 문제는 단순히 데이터센터의 문제에서 끝나지 않고 실생활에 연계된 카카오 택시, 예약 등이 마비돼 물질적인 피해로 이어지기도 했습니다.

신재생에너지로 생산하는 전력의 품질 문제를 해결하기 위해 다양한 기술적 해법이 제시됩니다. 간헐적으로 태양이 뜨는 것을 고려해 태양이 뜰 때 에너지를 모아 놓고 태양이 뜨지 않을 때 저장했던 전기를 사용하는 시스템을 구축하는 방식입니다. 이 방식 역시 AI를 통해 다양한 기상 변화에 대비할 수 있도록 맞춤형 프로그래밍이 필요한데, AI 기술이 환경을 돕는 쌍둥이 전환의 대표적인 예시 중 하나라고 할 수 있습니다.

마지막으로 '네트워크 문제'도 빼놓을 수 없습니다. 석탄화력발전을 중심으로 전력을 생산해 왔던 우리나라는 기존과 같은 체제를 유지하기 위한 기반 시설이 이미 잘 갖춰져 있습니다. 이 시설들을 포기하고 새로운 에너지원을 개발해 나가기 위해서는 사회적 저항이 뒤따릅니다.

발전 사업자 혹은 지역 공동체 등의 저항은 정치권에 큰 부담으로 다가옵니다. 따라서 정부의 전략적인 개입이 단순히 '재생에너지로 바꾸자'는 일변도식으로 접근하면 안 된다는 지적입니다.

석광훈 전문위원은 이 문제의 핵심을 정확히 짚었습니다.

"사회적 갈등 비용을 최소화하면서도 전력망을 안정화시키기 위한 섬세하고 많은 노력이 필요합니다. 이것이 탄소 중립 논의가 이미 10년을 넘었음에도 여전히 재생에너지가 경시되는 이유입니다."

전기 요금 개편

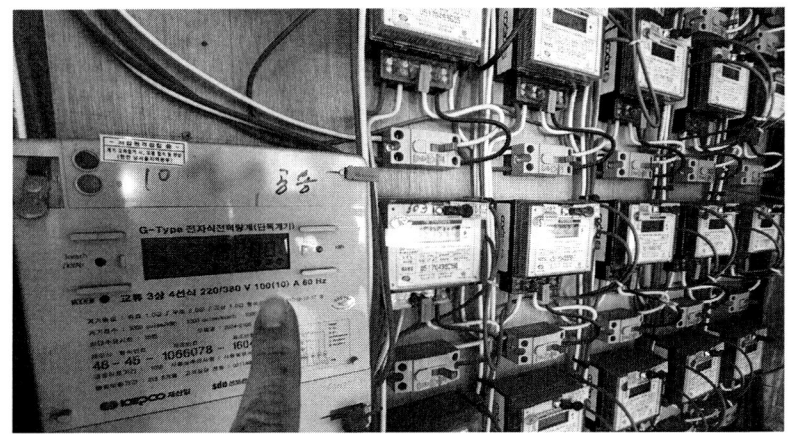
서울시내 주택가 전기계량기 모습. [노컷뉴스 제공]

쌍둥이 전환 이외에도 전문가들이 입을 모으는 또 다른 주제는 '전기요금 개편'입니다. 당장 소비자들에게 부담이 될 수 있는 정책을 왜 기후 위기의 해결책이라고 주장하는 것인지 이해할 필요가 있습니다. 전문가들은 소비자들이 너무나도 싼 우리나라의 전기 요금으로 인해 전기를 쓰는 게 얼마큼 환경에 부담을 주는 것인지 체감하지 못하고 있다고 설명했습니다.

특히나 당장은 재생에너지를 통해 만드는 전기는 값이 비쌉니다. 환경을 위해서라면 신재생에너지를 도입하기 위해 전기 요금 인상이 불가피한 측면이 있습니다. 환경을 보전하기 위해 비용을 높이는 방법이 가장 현실적인 대안이 될 수밖에 없는 셈입니다.

실제로 현 정부도 지난 8월, 전기 요금 인상에 대한 신호를 보내기 시작했습니다. 대통령실은 2035년 온실가스 감축 목표에 대한 준비 상황을 점검하며 대통령의 수석 보좌관 회의 발언을 공개했습니다.

"온실가스 감축 목표를 달성하다 보면 전기요금이 오를 수밖에 없으므로 적극적으로 국민에게 알려 이해와 동의를 구해야 합니다."

따라서 전기 요금을 급격하게 올리는 것보다는 현재의 고정요금 체제를 바꾸자는 주장이 나옵니다. 변동 요금체제로 탄력적인 운영을 하자는 겁니다. 현재 미국이나 유럽은 전기가 많이 생산되는 시간에는 전기 요금을 싸게, 밤이나 날씨가 안 좋은 때에는 전기 요금을 올리는 등 유동적으로 운용하고 있습니다.

석광훈 전문위원은 현재 우리나라의 고착화된 사고방식에 대해 우려를 표했습니다.

"전기는 곧 민생이고 민생은 곧 물가안정이라는 80년대 정책 마인드를 여전히 갖고 있기 때문에 혁신적인 요금제가 도입되기 어려운 게 오늘날의 현실입니다."

이제는 과거에 묶인 족쇄를 풀어내야 할 때입니다. 실제로 석광훈 전문위원에 따르면, 태양광으로 전력을 얻는 유럽의 일부 국가들은 매일 낮 시간대 중 최대 6시간을 소비자에게 전기 요금 0원으로 제공하는 경우도 있었습니다. 탄력적으로 운용하면 전기요금이 마냥 오르기만 하는 것이 아니라는 겁니다.

전력 수준까지 충분히 고려된 설득이 이어진다면, 전력 요금 개편에 탄력을 얻을 수 있습니다. 현재 우리나라 전기 요금 체계는 전기를 산업용과 가정용으로 나눠 서로 다른 전압으로 제공됩니다. 산업용은 고압으로, 가정용은 저압으로 전기를 받게 되는데, 저압으로 전기를 받기 위해서는 송전선로를 더 많이 깔아야 합니다. 가정용으로 전기를 받는 게 비용상 더 높을 수밖에 없는 현실적인 문제가 발생하는 지점입니다.

따라서 용도별로 구분하는 것이 아니라 전압별로 구분해서 전기요금을 책정해야 한다는 지적도 나옵니다.

이유수 박사는 현재 우리나라 전기 요금 체계의 왜곡된 현실을 설명했습니다.

"우리나라가 2013년부터 산업용 전기요금을 줄기차게 올리고, 가정용 전기요금은 안 올리다가 완전히 역전되는 상황으로 바뀌어 버렸습니다."

실제로 2023년, 한전은 kW당 167원에 외부에서 전기를 구매해 가정과 기업에 각각 150원, 154원에 팔았습니다.

전기 요금 개편에 대한 시민들의 인식이 마냥 부정적이지만은 않다는 설문조사도 있습니다. 기후시민단체 기후정치바람이 전국 1만 8000명을 대상으로 설문조사한 결과에서 '에너지 효율화와 전환을 위해 전기요금 인상이 필요하다고 보느냐'는 질문에 응답자 54.8%가 찬성했습니다. 다만 요금 인상 폭에 대해선 절반 이상(53.5%)이 '10% 수준', 응답자의 19.4%가 '20% 이상' 인상에 동의했습니다.

환경이 빠진 AI 기본법

김병권 녹색전환연구소 연구위원. [노컷뉴스 제공]

지난 2024년 12월 「인공지능 발전과 신뢰 기반 조성 등에 관한 기본법(AI 기본법)」이 국회의 문턱을 넘으면서 2026년부터 본격적으로 시행될 예정입니다. 이 법안은 EU에 이어 세계에서 두 번째로 제정된 AI 관련 일반 법률이라는 점에서 큰 주목을 끌었습니다. 마치 우리나라가 AI 정책상 매우 앞서있다는 인상을 심어 주었기 때문입니다.

AI 기본법은 AI 산업 육성 및 지원을 위한 국가적인 체계를 구축한다는 점이 핵심입니다. 대통령 소속 국가인공지능위원회는 3년마다 인공지능 기본 계획을 수립하도록 의무화했고, 데이터센터를 구축하거나 AI 집적 단지 등을 구축하는 기반 시설을 지을 수 있도록 보장한다는 내용이 포함돼 있습니다. 또한 AI 윤리 및 신뢰성 확보를 위해 AI 윤리원칙을 제정하도록 규정하고 있고, 생성형 AI가 만든 결과물에는 반드시 그 출처를 표시하도록 의무화해두었습니다.

AI를 통해 얻을 이익과 손해에 대한 기본적인 준비가 돼 있는 것처럼 보입니다.

하지만 이 법에는 인공지능이 잠재적으로 기후와 생태에 미칠 악영향이나 위험성에 대한 언급 자체가 없습니다. 이 법 1조에는 "인공지능의 건전한 발전과 신뢰 기반 조성에 필요한 기본적인 사항을 규정함으로써 국민의 권익과 존엄성을 보호하고 국민의 삶의 질 향상과 국가 경쟁력을 강화하는 데 이바지함을 목적으로 한다."라고 규정돼 있습니다. 이 때 국민의 권익과 삶의 질 향상은 환경권과 직결되는 문제입니다.

환경권은 헌법 제35조에서 국민에게 보장하는 기본적인 권리입니다. 헌법 35조는 "모든 국민은 건강하고 쾌적한 환경에서 생활할 권리를 가지며, 국가와 국민은 환경보전을 위하여 노력하여야 한다."라고 적혀 있습니다. 헌법에 따라 국민이라면 누구나 5대 권리를 갖습니다. 5대 권리인 자유권, 평등권, 사회권, 참정권, 청구권 중 환경권은 사회권 안에 포함되는 개념입니다.

하지만 AI 기본법은 환경권을 제대로 다루고 있지 않습니다. 애초에 소위원회 등 법안 논의 과정에서도 기후와 생태에 미치는 영향은 제대로 다뤄진 적이 없었습니다. 세계에서 두 번째로 법률 제정에 성공했지만, 인공지능이 미칠 환경·생태적 악영향을 통제하기는 어려운 한계가 있습니다.

따라서 AI 기본법에 뚫려 있는 커다란 구멍으로 인해 쌍둥이 전환으로 나아가는 데 아직은 부족한 상황입니다.

김병권 연구위원은 자신의 저서 『AI와 기후의 미래』에서 AI 기본법에 대해 명확한 평가를 내렸습니다.

"규제법이라기보다는 진흥법에 가깝기 때문에 디지털 전환과 생태 전환의 균형과 선순환에도 크게 기여하지 못할 것입니다."

반대로, 정부가 상당한 의지로 취약한 생태 전환의 속도를 올릴 수 있는 비상한 정책 수단을 동원해야 한다는 점도 지적했습니다. AI 기본법이 환경에 미치는 영향이 심각할 때 '사람의 생명, 신체의 안전 및 기본권에 중대한 영향을 미치거나 위험을 초래할 우려가 있는 인공지능시스템'이라는 문장을 통해 환경권을 도출해 내야 합니다. 또한 그 논리가 판례로 쌓여 다양한 사례에 적용될 수 있는 시간이 필요합니다.

이 때 환경을 지키려는 사람들은 법적인 테두리에 들지 못합니다. 열세에 설 수밖에 없는 기울어진 운동장에서 싸워야 합니다. AI 기본법에서조차 보장되지 않는 권리를 위해 더 많은 시간과 품이 들 수밖에 없습니다. AI 기본법에 환경을 명시적으로라도 보장하려는 노력은 여전히 정치의 영역에서 계속 풀어 나가야 할 숙제로 남아 있습니다.

모든 변화의 시작점

AI가 환경에 영향을 끼칠 수 있음을 알고, 신재생에너지를 바탕으로 한 쌍둥이 전환으로의 인식 개선은 단기간에 이뤄지지 않습니다. 특히 AI라는 파도가 몰려오는 상황에서는 더욱 갈피를 잡기 힘듭니다. 석광훈 전문위원은 지금의 AI 파도를 일종의 버블 현상으로 해석했을 정도로 맹목적인 AI 추종 현상이 벌어지고 있습니다.

버블 현상은 1990년대 후반부터 2000년대 초반까지 인터넷 및 기술 주식을 중심으로 주가가 과도하게 상승했다가 붕괴한 금융 현상입니다. 수익성은 없지만 벤처 투자 업계에 비이성적으로 투기하는 현상으로 인해 시장이 과열되어 결국 시장이 붕괴하는 경제적 충격이 발생했습니다.

따라서 과거의 전철을 밟지 않도록 우리는 계속해서 통찰력을 키우고 인식을 바꿔 나가야 한다는 전문가 지적이 나옵니다.

정수종 교수는 석유산업을 통해 겪은 부정적인 외부 효과를 떠올려야 한다고 짚었습니다. 과거 인류는 석유라는 화석 연료를 통해 인류의 문명이 급격하게 발전하는 경험을 했습니다. 플라스틱, 수송 등을 바탕으로 한 기술과 산업이 융성하고 경제가 발전했습니다.

하지만 석유가 기후와 환경에 가져올 부정적인 영향은 제대로 알지 못했습니다. 석유와 석탄을 쓰면서 온실가스가 배출되고 지구 온난화로 이어지는 부정적인 외부 효과를 미처 신경 쓰지 못했습니다. 석유에 길들여진 산업을 재편하기에는 너무나도 멀리 와 버린 것이었습니다.

우리가 과거의 사례를 타산지석 삼아 더 성숙한 세대로 거듭나기 위해서는 AI에도 부정적인 외부 효과가 있을 수 있음을 미리 감지해야 합니다. 환경과 기술이 각자의 영역으로써 기득권을 지키려는 방식이 아니라 상호 보완적으로 부족한 부분을 채워 나가는 방식으로 발전이 필요한 것입니다.

정수종 교수는 말합니다.

"우리가 앞으로 환경과 기술이 맞부딪히는 상충 관계의 딜레마에 빠지게
되면 분명히 한쪽만을 바꾸려고 할 겁니다. 하지만 우리는 분명히 달라져
야 합니다. 과거의 인류와 현재의 인류가 차이 나는 지점은 우리가 성장
혹은 전환하는 과정에서 외부 효과에 대한 민감도를 얼마나 발휘하는지
일 것입니다."

이 과정에서 필요한 건 충분한 시간이 아니라 올바른 방향입니다.
한쪽으로 치우치지 않고 양쪽의 균형을 모두 잡아나가기 위한 해결
책을 찾아나가기 위해 숙고에 숙고를 거듭해야 합니다.

아일랜드의 환경부 장관인 이먼 라이언(Eamon Ryan)은 2024년 9
월『파이낸셜 타임스』와의 언론 인터뷰에서 의미심장한 말을 남겼습
니다.

"인공지능 개발은 우리가 약속한 기후 한계 안에서 작동해야 하고, 안정적
으로 공급할 수 있는 전력망 안에서 작동해야 합니다."

우리의 인식의 범위가 곧 사회적으로 받아들일 수 있는 가능성의
범위입니다. 그 가능성이 점차 넓어질 때 비로소 정책의 범위까지
나아갈 수 있습니다.

사회적 인식 개선 과정에서 다양한 걸림돌이 나타날 것이 자명합
니다. 특히 가짜 뉴스와 정치적 혼란으로 인해 두 마리 토끼를 잡기
위한 노력이 수포로 돌아갈 가능성도 있습니다.

실제로 지난 8월 도널드 트럼프 미국 대통령은 자신이 설립한
SNS 트루스소셜에 문제가 될 수 있는 발언을 올렸습니다.

"환경을 보호하기 위한 지원금(녹색지원금)을 모두 폐기하겠습니다. 풍력
과 태양광 발전은 세기의 사기극이며, 미국에서 어리석음의 시대는 끝났
습니다."

이렇게 환경에 부정적인 주장을 쏟아 내는 사람들은 계속해서 등
장하고 있습니다. 심지어 구글의 전 최고 경영자인 에릭 슈미트(Eric
Schmidt)는 상당히 논란이 될 수 있는 발언을 했습니다.

"우리는 어차피 기후 목표를 달성하지 못할 것입니다. (배출량 감축에 집중하
기보다는) 차라리 인공지능이 문제를 해결하는 데 베팅하고 싶습니다."

우리는 그럴 때마다 캐나다 출신의 환경 운동가 나오미 클라인
(Naomi Klein)의 일침을 떠올려야 합니다. 그는 2023년 「AI 기계는 '환
각'을 일으키지 않는다」라는 제목의 칼럼을 가디언(Guardian)에 기고했
습니다. 이 칼럼에서 클라인은 '챗GPT와 같은 생성형 인공지능이 기
후 대응을 위한 새로운 해법이 될 수 있다'는 기대를 비판했습니다.
　비판 대상은 기술이 아닌 사람이었습니다. 클라인은 중요한 질문
을 던졌습니다.

"기후 변화와 같은 큰 문제를 해결하지 못하는 것이 똑똑한 사람이 부족하
기 때문이었습니까?"

모두의 미래를 위해 협력해야 할 상황에서 정치적 이익을 노린 기
득권의 저항에 찬물을 끼얹었습니다.

환경은 저절로 지켜지지 않습니다. 누군가는 계속해서 헌법 35조에 명시된 환경권을 지키기 위해 분투하고 있습니다. 지난 8월에는 기후 위기로 실질적인 피해를 봤다고 주장하는 농민 6명이 한국전력공사 등 5개 회사를 상대로 손해배상청구 소송을 제기했습니다. 우리나라에서 처음으로 온실가스를 많이 배출하는 기업을 피고로 하는 피해보상 소송이었습니다. 하지만 소리 없는 아우성이 되었습니다.

함께 넘는 줄넘기

이제는 눈앞에 버젓이 보이는 해결책을 쉽사리 집어 들지 못하는 여러 이유를 뿌리쳐야 할 때입니다. 편리함에 속아 감춰졌던 우리의 지구를 더 이상 망가뜨릴 수는 없기 때문입니다. 지구는 특정인의 소유가 아닌 우리 모두의 소유입니다.

흔히 환경 문제는 단체 줄넘기에 비유됩니다. 줄은 우리가 뛰어넘어야 할 숙제이고, 뛰어넘을 책임은 누구 하나 빠지지 않습니다. 세대를 건너뛰거나 빠뜨리지도 않습니다. 우리 모두가 이번 세대에 뛰어넘어야 할 줄이 빠르게 다가옵니다. 이번 줄넘기에서 우리 발 앞에 놓인 줄은 AI입니다.

빠르게 떨어지는 줄 앞에서 주춤거리거나 지체할 시간이 없습니다. 우리 모두 함께 힘차게 뛰어넘어 지구를 지켜야 합니다. 모두 함께 줄을 넘어야 밀려오는 AI 파도에 대응하고 지구와 함께 생존할 수 있습니다.

"늦었다고 생각할 때가, 정말 늦은 거다."

예능 프로그램 무한도전에 출연한 박명수 씨의 어록입니다. '뼈 때리는 격언'으로 유행했던 말이기도 합니다.

우리, 정말 늦었습니다. 기후 위기에 대응하기 위해 발빠르게 움직여야 합니다. 그동안 화석연료로 전기를 얻던 발전 방식에서 신재생에너지 발전으로 옮겨가지 못했습니다. 전기 요금 개편에도 실패했습니다. AI 기본법엔 환경을 빼먹었고, 인식 개선도 많이 이뤄지지 못했습니다.

우리는 어떻게 해야 할지, 당장 할 수 있는 건 무엇이 있는지 전문가들을 수소문해 물었습니다. 그러다 '쌍둥이 전환'을 발견했습니다. 2019년부터 공식 보고서에 본격적으로 등장하기 시작한 쌍둥이전환은 '디지털 전환'과 '생태 전환'을 함께 이뤄 나가는 방식입니다. 유럽은 쌍둥이 전환을 가장 적극적으로 추진합니다. '디지털'과 '환경'이라는 두 축을 중심으로 한 정책과 계획을 차근차근 밟고 있습니다.

이젠 우리 차례입니다. 특히 '디지털 과잉' 사회인 대한민국은 환경을 중심으로 한 생태전환이 시급합니다. '조금은 비싼 비용을 감수하고서라도 환경을 우선하는 용기가 절실히 필요하다'는 국내 전문가들의 지적은 매번 뼈아팠습니다.

예외는 없습니다. 정부가 추진해야 할 정책으로만 생각을 좁혀선 안 됩니다. 실생활에서부터 하나씩 실천할 수 있습니다. 은희경 소설가의 말처럼 "단체 줄넘기를 해야 하는 인류의 운명"을 함께 해야 합니다. 사회적 합의를 이뤄 나가기 위한 건설적인 대화를 시작할 때입니다.

아, 박명수 씨 어록에서 빼먹은 부분이 있습니다. 격언의 뒷부분입니다. "늦었다고 생각할 때가 정말 늦은 거다. 그러니 지금 당장 시작해라." 마냥 웃을 수만은 없는 유머이길 바랍니다.

12

갈림길에서의 선택

우리는 지금 역사적 변곡점에 서 있습니다. 인공지능이라는 인류 역사상 가장 강력한 도구가 우리 앞에 놓여 있고, 그 도구를 어떻게 사용할 것인가에 따라 인류의 미래가 결정될 것입니다. 이는 단순한 기술적 선택의 문제가 아닙니다. 우리 세대가 후손들에게 어떤 지구를 물려줄 것인가에 대한 근본적인 선택입니다.

첫 번째 미래는 파괴의 길입니다. 현재의 추세가 계속된다면, AI 산업의 전력 소비는 2030년까지 전체 에너지 소비의 20%에 달할 것으로 예측됩니다. 이미 구글, 마이크로소프트 같은 거대 기술기업들은 탄소중립 약속을 지키지 못하고 있습니다. 2024년 미국 데이터센터의 에너지 사용량은 2018년 대비 2배 이상 증가했으며, 2028년에는 전체 전력 소비의 12%에 이를 것으로 전망됩니다.

더욱 우려스러운 것은 생성형 AI 하나의 질의가 일반 구글 검색보다 10배에서 100배 더 많은 에너지를 소비한다는 점입니다. 전자폐기물 문제도 심각합니다. 2030년까지 AI 관련 서버 폐기물만 1600만 톤에 달할 것으로 예상되며, 이는 2019년 전 세계 스크린 및 모니터 폐기물과 맞먹는 수준입니다. AI 서버의 수명은 평균 3년에 불과하며, GPU와 같은 핵심 부품들은 더 빠른 주기로 교체되고 있습니다. 이러한 전자폐기물에는 독성 금속과 희귀 물질들이 포함되어 있어 토양과 수질 오염을 일으키고 있습니다.

두 번째 미래는 구원의 길입니다. AI는 역설적이게도 기후 위기를 해결할 수 있는 강력한 도구가 될 수 있습니다. 이미 AI는 산림 파괴 모니터링, 해양 오염 예측, 기상 예보 정확도 향상 등에서 놀라운 성과를 보이고 있습니다. 인공위성 영상과 AI를 결합해 불법 벌목을 실시간으로 탐지하고, 적조 발생을 예측하며, 산불 확산 경로를 예측하는 시스템들이 실제로 작동하고 있습니다. 기후 예측 모델의 정확도도 AI를 통해 크게 향상되고 있으며, 재생에너지 생산 최적화와 에너지 효율 개선에도 AI가 핵심적인 역할을 하고 있습니다.

역사상 가장 강력한 도구

우리는 특별한 책임을 지고 있습니다. 1865년 윌리엄 스탠리 제본스가 발견한 '제본스 패러독스'가 현시대에 다시 재현되고 있습니다. 효율성 향상이 오히려 전체 소비를 증가시키는 이 역설은 160년이 지난 지금도 여전히 유효합니다.

유럽연합은 2050년까지 탄소중립을 달성하겠다고 약속했지만, AI로 인한 급격한 에너지 소비 증가로 이 목표 달성이 위협받고 있습니다. 아일랜드의 사례는 특히 주목할 만합니다. 데이터센터가 국가 전체 전력의 상당 부분을 소비하면서 탄소 예산 달성에 심각한 위협이 되고 있습니다. 정부는 새로운 대규모 수요 고객 연결 정책을 발표하고, 향상된 배출량 보고 프레임워크를 구축하는 등 적극적인 대응에 나서고 있습니다.

우리가 가진 이 강력한 도구를 어떻게 사용할 것인가는 전적으로 우리의 선택에 달려 있습니다. 기술 자체는 중립적입니다. 인간의 뇌가 20W로 작동하면서 놀라운 지능을 발휘하는 것처럼, 우리도 자연에서 배워 더 효율적인 AI를 개발할 수 있습니다. 단순히 더 큰 모델, 더 많은 에너지, 더 큰 탄소 발자국을 추구하는 것이 아니라, 지속 가능한 발전의 길을 찾아야 합니다.

알고 선택하는 미래

몰랐다는 것은 더 이상 변명이 될 수 없습니다. 우리는 이제 AI가 환경에 미치는 영향을 분명히 알고 있습니다. 매일 사용하는 챗GPT가 얼마나 많은 전력을 소비하는지, 데이터센터가 얼마나 많은 물을 사용하는지, 폐기되는 서버들이 어떤 환경 문제를 일으키는지 알고 있습니다.

순환 경제 전략들이 이미 제시되고 있습니다. 서버 수명 연장, 모듈 재사용, 단계적 업그레이드 등을 통해 전자폐기물을 크게 줄일 수 있습니다. 실제로 서버 수명을 1년만 연장해도 전자폐기물을 58% 줄일 수 있다는 연구 결과가 있습니다. 소형 모듈 원자로(SMR)와 같은 새로운 무탄소 전력 기술, 재생에너지와의 결합, 에너지 효율적인 알고리즘 개발 등 다양한 해결책들이 모색되고 있습니다.

개인 차원에서도 할 수 있는 일들이 있습니다. AI 서비스 사용 패턴을 점검하고, 불필요한 사용을 줄이며, 기업들에게 지속 가능한 AI 개발을 요구하는 목소리를 내는 것입니다. 기업들은 그린워싱이 아닌 진정한 친환경 정책을 추진해야 하며, 정부는 적절한 규제와 인센티브를 통해 지속 가능한 AI 생태계를 조성해야 합니다.

우리는 지금 갈림길에 서 있습니다. 한쪽은 편리함에 눈이 멀어 환경을 파괴하는 길이고, 다른 한쪽은 기술의 힘을 현명하게 사용해 지속 가능한 미래를 만드는 길입니다. 역사는 우리가 어떤 선택을 했는지 기록할 것입니다. 우리의 자녀들은 우리가 물려준 세상에서 살아가야 합니다.

AI는 인류가 만든 가장 강력한 도구입니다. 이 도구로 우리는 기후 위기를 악화시킬 수도 있고, 해결할 수도 있습니다. 선택은 우리의 몫입니다. 하지만 그 선택은 충분한 정보와 인식을 바탕으로 한 '알고 선택하는' 것이어야 합니다. 무지와 무관심 속에서 내린 결정이 아니라, 우리와 우리 후손들의 미래를 진지하게 고려한 의식적인 선택이어야 합니다. 미래는 정해진 것이 아닙니다. 우리가 오늘 내리는 선택이 내일의 세상을 만들어 갑니다. AI 시대의 환경 문제는 우리 모두의 문제이며, 그 해결 또한 우리 모두의 참여를 필요로 합니다. 지금이 바로 행동할 때입니다.

늦은 밤. 우리는 하루 일과를 마치고 눈을 감습니다. 그 순간에도 전 세계 수백만 개의 데이터센터는 오늘도 깨어 있습니다. AI는 이제 단순한 도구가 아니라, 문명의 혈관을 흐르는 혈액이 됐습니다.

AI의 발전은 인간의 상상력을 실현시켰습니다. 동시에 인류의 윤리를 시험하고 있습니다. 우리는 지금 선택의 기로에 서 있습니다. 잘못된 길을 멈추고, 옳은 방향으로 바꿔야 합니다.

기후 위기는 기술의 문제가 아닙니다. 인간의 기억력의 문제입니다. 우리는 한때 약속했습니다. 지구를 위해 1.5도를 넘기지 않겠다고. 그러나 그 약속은 잊었습니다.

인간이 만든 문명이 우리를 삼키기 전에, 우리는 그 문명에 생명을 돌려주어야 합니다. 지구는 우리와 다음 세대를 위한 것이니까요.

이 책이 한 줄기 사유의 빛으로 남기를 바랍니다. 우리가 기술을 넘어 기후와 환경, 그리고 인류의 역사를 계속 써 갈 수 있도록, 그 희미한 희망의 온기로 마지막 문장을 남깁니다.

함께하면, 우리는 바꿀 수 있습니다.

1. 숨겨진 괴물의 실체

- 국제에너지기구(IEA), 'Electricity 2024: Analysis and forecast to 2026' (2024. 4.)
- 미국 에너지부 산하 로렌스 버클리 국립연구소, '2024 United States Data Center Energy Usage Report'
- IEA, 'What the data centre and AI boom could mean for the energy sector'(2024. 10.)
- 국회입법조사처, 'AI 혁명에 부응한 선제적 전력 공급·전력망 확충 긴요'(2024. 5.)
- 가트너(Gartner), 'Emerging Tech: Power Shortages Will Restrict GenAI Growth and Implementation' 보고서
- 정부 전력데이터 개방 포털시스템
- 조성배 연세대 컴퓨터과학과 교수(대면 인터뷰, 2025. 5. 13.)
- 김창익 카이스트 전기전자공학부 교수(대면 인터뷰, 2025. 6. 11.)
- 한나 데일리 코크대학교 지속 가능 에너지 시스템 교수(대면 인터뷰, 2025. 7. 3.)
- 아누즈 파타니아 암스테르담대학교 병렬 컴퓨팅 시스템(PCS) 그룹 조교수 (대면 인터뷰, 2025. 7. 1.)

2. 일상 속 AI의 진짜 비용

- 산업통상자원부의 '데이터센터 수도권 집중 완화 방안'
- 이유수 에너지경제연구원 박사 인터뷰(대면 인터뷰, 2025. 5. 19.)
- 조진균 한밭대 설비공학과 교수(대면 인터뷰, 2025. 6. 11.)
- 조성배, 연세대 컴퓨터과학과 교수(대면 인터뷰, 2025. 5. 13.)
- AI Index 2023 보고서
- AI Index 2024 보고서
- 송진원·정빛나, 「유상임 과기장관 "AI 전력사용량 줄이는 기술 개발 필요"」, 『연합뉴스』, 2025. 2. 11., https://www.yna.co.kr/view/AKR20250211000951081
- 미국 전력중앙연구소의 보고서(Powering Intelligence-Analyzing Artificial

Intelligence and Data Center Energy Consumption)
- 알렉스 드 브리스 네덜란드 암스테르담대학 박사, '인공지능의 에너지 발자국 증가(The growing energy footprint of artificial intelligence)' 연구 보고서
- Epoch AI 조쉬 유 데이터 분석가 보고서
- 조이환, 「"하루 25억 건"…오픈AI, '챗GPT'로 구글 검색 턱밑까지 추격」, 『지디넷 코리아』, 2025. 7. 22., https://zdnet.co.kr/view/?no=20250722142546
- 김용원, 「인공지능 챗봇이 검색엔진 빠르게 대체, 가트너 "2026년 검색량 25% 축소"」, 『비즈니스포스트』, 2024. 2. 21., https://www.businesspost.co.kr/BP?command=article_view&num=343216
- IEA의 'Efficiency improvement of AI related computer chips(AI와 연관된 컴퓨터 칩의 효율성 향상)' 자료
- 석광훈 에너지전환포럼 전문위원 인터뷰(대면 인터뷰, 2025. 5. 20.)
- 기욤 피트롱, 『'좋아요'는 어떻게 지구를 파괴하는가』, 갈라파고스, 2023. 3. 17.
- 김선희, 「지브리 프사 만들 때마다 이럴 줄은…무의식 뒤 숨은 '대란'」, 『YTN』, 2025. 4. 22. https://www.ytn.co.kr/_ln/0134_202504220928003424
- 김창익 카이스트 전기전자공학부 교수 인터뷰(대면 인터뷰, 2025. 6. 11.)
- 온실가스종합정보센터의 연도별 국가온실가스통계
- 릴리 자말리·리브 맥마혼, 「오픈AI, 차세대 GPT-5 모델 '박사급' 주장」, 『BBC 코리아』, 2025. 8. 8. https://www.bbc.com/korean/articles/cz71084rrrxo
- statcounter 검색 순위 자료
- 오픈 서베이 검색 트렌드 리포트 2024
- 게리 맥거번 'Camp Digital 2022' 강연
- 김병권 녹색전환연구소 연구위원 인터뷰(대면 인터뷰, 2025. 5. 27.)

3. 전력을 넘어선 환경 파괴
- 이유수 에너지경제연구원 박사(대면 인터뷰, 2025. 5. 16.)
- 김병권 녹색전환연구소 연구위원(대면 인터뷰, 2025. 5. 27.)
- 김창익 카이스트 전기전자공학부 교수(대면 인터뷰, 2025. 6. 11.)
- 조진균 한밭대 설비공학과 교수(대면 인터뷰, 2025. 6. 11.)
- 케스 퀴크 델프트 공과대학 컴퓨터 과학 및 공학 연구소 소장(대면 인터뷰, 2025. 6. 30.)
- 네이버(서면 인터뷰, 2025. 7. 7.)
- IEA, 'Electricity 2024: Analysis and forecast to 2026'(2024. 4.)
- 국제 로펌 화이트앤케이스, 'Data Centers and Water: Scrutiny & Opportunity'(2024. 12.)

- 구글, 'Google Environmental Report 2025'
- 환경부, 상수도 통계(2023년 기준)
- 미국 환경·에너지 단체 EESI 'Data Centers and Water Consumption'
- 유럽연합(EU) 집행위원회, 물 회복력 전략(2024. 6.)
- 유럽 클라우드 인프라 서비스 제공업체 협회(CISPE) 외신 The Register 인용
- 마이크로소프트 물 사용 효율성 지표(2023년 기준)
- 메타 물 사용 효율성 지표(2023년 기준)
- 아마존 웹 서비스 물 사용 효율성 지표(2024년 기준)
- 미국 애리조나주 메사시 시의원 진 더프 외신 DCD 인용
- 칠레 환경단체 모사캣(Mosacat) 외신 Time 인용
- 오픈AI 대표 샘 올트먼 블로그

4. 넘쳐나는 폐기물
- 『네이처 컴퓨테이셔널 사이언스』 'E-waste challenges of generative artificial intelligence' 논문
- '국제 전자폐기물 모니터 2024(Global E-waste Monitor 2024)'
- 국제에너지기구 'Energy and AI'
- 바젤협약(Basel Convention)
- 정수종 서울대 기후환경 AI연구센터장(대면 인터뷰, 2025. 5. 15.)
- 케스 퓌크 네덜란드 델프트 공과대학 컴퓨터 과학 및 공학 연구소 소장 (대면 인터뷰, 2025. 6. 30.)
- 에런 딩 네덜란드 델프트 공과대학 수석 부교수, 사이버 물리 지능 연구소(CPI) 소장(대면 인터뷰 2025. 6. 30.)
- 평왕 중국과학원 도시환경연구소 교수(서면 인터뷰, 2025. 7. 8.)

5. 빅테크의 환경 딜레마
- 앤드루 파넬 아일랜드 더블린대학교 기후 및 날씨 데이터 과학 교수(대면 인터뷰, 2025. 7. 3.)
- 아누즈 파타니아 네덜란드 암스테르담대학교 병렬 컴퓨팅 시스템(PCS) 그룹 조교수(대면 인터뷰, 2025. 7. 1.)
- 한나데일리 아일랜드 코크대학교 지속 가능 에너지 시스템 교수(대면 인터뷰, 2025. 7. 3.)
- 아일랜드의 탄소 예산과 관련된 데이터센터(Data Centers in Relation to Ireland's Carbon Budgets) 연구 보고서
- 석광훈 에너지전환포럼 전문위원(대면 인터뷰, 2025. 5. 20.)
- 이유수 에너지경제연구원 박사(대면 인터뷰, 2025. 5. 16.)
- 구글환경보고서 2024

6. 파리협정의 약속과 현실

- 유엔기후변화협약(UNFCCC), 파리협정(Paris Agreement) 공식 문서 (2015)
- IEA, 'Electricity 2024: Analysis and forecast to 2026'(2024.04)
- 세계기상기구(WMO), WMO Global Annual to Decadal Climate Update (2023년)
- Gartner, Predicts Power Shortages Will Restrict 40% of AI Data Centers By 2027(2024)
- 산업통상자원부 데이터센터 현황 자료(2020)
- 조성배 연세대 컴퓨터과학과 교수(대면 인터뷰, 2025. 5. 13.)
- 아누즈 파타니아 암스테르담대학교 병렬 컴퓨팅 시스템(PCS) 그룹 조교수 (대면 인터뷰, 2025. 7. 1.)
- 정수종, 서울대 기후환경 AI연구센터장(대면 인터뷰, 2025. 5. 15.)
- 앤드루 파넬, 더블린대학교 기후 및 날씨 데이터 과학 교수(대면 인터뷰, 2025. 7. 3.)
- 한나 데일리 코크대학교 지속 가능 에너지 시스템 교수(대면 인터뷰, 2025. 7. 3.)

7. 제본스 패러독스의 현대적 재현

- 윌리엄 스탠리 제본스, 『석탄 문제: 국가의 발전과 우리 탄광의 고갈 가능성에 관한 조사』
- 에너지경제연구원의 '에너지 효율 리바운드 효과와 온실가스 감축' 보고서
- IEA의 'Energy Efficiency Report(에너지 효율성 보고서) 2023' 자료
- 독일 주택 및 부동산 회사 연방 협회(GdW) '연례 보고서 2020' 자료
- 국가데이터처 '1인당 전력소비량' 자료
- 더 시프트의 'Environmental impacts of digital technology(디지털 기술의 환경적 영향)' 자료
- 김병권 녹색전환연구소 연구위원 인터뷰(대면 인터뷰, 2025. 5. 27.)
- 아누즈 파티나아 암스테르담대학교 병렬 컴퓨팅 시스템 그룹 조교수 인터뷰 (대면 인터뷰, 2025. 7. 1.)
- 정수종 서울대 기후환경 AI연구센터장 인터뷰(대면 인터뷰 2025. 5. 15.)
- 찰스 라이트 밀스, 『사회학적 상상력』
- 「정말 18분의 1 비용 맞아?"…딥시크 향한 3가지 의문」, 『중앙일보』, 2025. 1. 31.
- 석광훈 에너지전환포럼 전문위원 인터뷰(대면 인터뷰, 2025. 5. 20.)
- 조성배, 연세대 컴퓨터과학과 교수(대면 인터뷰, 2025. 5. 13.)
- 에런 딩 델프트 공과대학 수석 부교수, 사이버 물리 지능 연구소(CPI) 소장 인터뷰(대면 인터뷰, 2025. 7. 1.)
- 대한경영학회 '빅테크 기업의 ESG 경영이 브랜드이미지, 신뢰 및 이용 의도에

미치는 영향에 관한 연구' 자료
- 앤드루 파넬 더블린대학교 기후 및 날씨 데이터 과학 교수 인터뷰(대면 인터뷰, 2025. 7. 4.)

8. 그린워싱의 정교한 기만
- 한나 데일리 코크대학교 지속 가능 에너지 시스템 교수(대면 인터뷰, 2025. 7. 3.)
- 아일랜드의 탄소 예산과 관련된 데이터센터(Data Centers in Relation to Ireland's Carbon Budgets) 연구 보고서
- 구글. 'Google Environmental Report 2025'
- 유럽연합(EU) 기업 지속 가능성 보고 지침(CSRD, 2023. 1. 5.)
- World Resources Institute (WRI)의 24/7 Carbon-Free Energy 이니셔티브 자료
- UN의 24/7 Carbon-Free Energy Compact
- Scope 2 가이드라인(GHG Protocol)

9. 구세주인가, 파괴자인가
- 구글 딥마인드 공식 블로그 그래프캐스트 발표Z
- 구글 블로그 '3 new ways to navigate more sustainably with Maps'(2021)
- 구글 블로그 'More ways to drive sustainably and save money with Google Maps'(2022)
- 구글 블로그 'New ways Google is helping reduce transportation and energy emissions'(2024)
- 『사이언스』지 'Learning skillful medium-range global weather forecasting' (2023)
- 국제에너지기구(IEA) 'Electricity 2024: Analysis and forecast to 2026'
- IEA 'Energy demand from AI' 분석 보고서
- IEA 'What the data centre and AI boom could mean for the energy sector'
- IEA 'Data centres & networks'
- 세계경제포럼(WEF) Annual Report 2023-2024
- WEF Net-Zero Industry Tracker 2024
- WEF 'Why more AI firms should invest in carbon removal solutions'
- 비영리단체 Wild Me의 'Wildbook' 외신 OPB 인용
- 정수종, 서울대 기후환경 AI연구센터장(대면 인터뷰, 2025. 5. 15.)
- 조성배, 연세대 컴퓨터과학과 교수(대면 인터뷰, 2025. 5. 13.)
- 이유수, 에너지경제연구원 박사(대면 인터뷰, 2025. 5. 16.)

- 앤드루 파넬 더블린대학교 기후 및 날씨 데이터 과학 교수(대면 인터뷰, 2025. 7. 3.)

10. 지속 가능한 AI를 향한 기술적 노력
- 네이버 제2 데이터센터 '각(閣)' 세종 참고자료(2025. 6. 9.) 양자화 및 NPU 에너지 효율성 부분: 'Evaluating the Energy Efficiency of NPU-Accelerated Machine Learning Inference on Embedded Microcontrollers'(2025. 9.)
- 수냉식 냉각 시스템 부분: 액침 냉각 및 수냉식 시스템 연구, 마이크로소프트 (2021. 4., 2024. 8.)
- 미국 에너지부 에너지효율프로그램 'Better Buildings Data Center Accelerator' 자료
- TCFD(Task Force on Climate-related Financial Disclosures) 프레임워크 2017년 권고안
- 유럽연합(EU) 에코디자인 지침 (Regulation EU 2019/424).(2019.03)
- MIT 광학 신경망 에너지 효율 연구 'Deep learning with coherent VCSEL neural networks', Nature Photonics(2023. 9.)

11. 우리가 할 수 있는 실천
- 국립기상과학원 '우리나라 온난화 수준별 기후 변화 영향정보 전망' 보고서
- 김도원, 「최근 10년간 기후 변화 피해액 2791조 원」, 『YTN 사이언스』, 2024. 11. 12., https://science.ytn.co.kr/program/view.php?mcd=0082&key=202411121120503311
- 김병권 녹색전환연구소 연구위원 인터뷰(대면 인터뷰, 2025. 5. 27.)
- 김병권, 『AI와 기후의 미래』
- 이율, 「독일 2045년 탄소중립 달성 확정…2030년 탄소배출량 65%↓」, 『연합뉴스』, 2021. 5. 13., https://www.yna.co.kr/view/AKR20210513002000082
- 「한국판 뉴딜 국민보고대회 - 문재인 대통령 기조연설 "160조 투입, 일자리 190만개 창출"」, 『KTV 국민방송』, 2020. 7. 14.
- 에너지경제연구원의 '유럽 그린딜의 동향과 시사점' 보고서
- 송고, 「8년을 끈 한전-밀양 주민 765kV 송전탑 갈등」, 『연합뉴스』, 2013. 10. 1., https://www.yna.co.kr/view/AKR20131001146100052
- 환경운동연합 '환경단체, 동해안~수도권 500kV HVDC 송전선 건설사업 전면 재검토 요구' 자료
- 국가데이터처 '에너지원별 발전량 현황' 자료
- 길해성, 「"전자렌지보다 전자파 낮은데"…GS건설, 데이터센터 제동에 '속앓이'」, 『시사저널e』, 2024. 10. 14., https://www.sisajournal-e.com/news/

articleView.html?idxno=406457
- 산업통상자원부 '제10차 전력수급기본계획 실무안' 자료
- LAZARD의 'Levelized Cost Of Energy(평준화된 에너지 가격)' 보고서
- 에린 딩 델프트 공과대학 수석 부교수, 사이버 물리 지능 연구소(CPI) 소장 인터뷰(대면 인터뷰, 2025. 7. 1.)
- 석광훈 에너지전환포럼 전문위원 인터뷰(대면 인터뷰, 2025. 5. 20.)
- 양형욱, 「李대통령 "전기세 올리려면 국민 이해 구해야"」, 『노컷뉴스』, 2025. 8. 14., https://www.nocutnews.co.kr/news/6385643
- 이유수 에너지경제연구원 박사 인터뷰(대면 인터뷰, 2025. 5. 19.)
- 국가법령정보센터 「인공지능 발전과 신뢰 기반 조성 등에 관한 기본법」
- 정수종 서울대 기후환경 AI연구센터장 인터뷰(대면 인터뷰, 2025. 5. 15.)
- 「아일랜드 장관 "데이터센터는 반드시 기후 한계 안에서 작동돼야"」, 『파이낸셜타임즈』, 2024. 9. 17.
- 박성민, 「트럼프 "풍력·태양광 발전은 세기의 사기극…승인 안 하겠다"」, 『연합뉴스』, 2025. 8. 21., https://www.yna.co.kr/view/AKR20250821001400071
- 조수민, 「에릭 슈미트 "어차피 기후목표 도달 못해…AI 인프라 투자해야"」, 『지디넷 코리아』, 2024. 10. 7., https://zdnet.co.kr/view/?no=20241007083533
- 반기웅, 「농민들, 한전 상대 첫 '기후배상' 소송…"더 이상 가만히 있을 수 없다"」, 『경향신문』, 2025. 8. 12., https://www.khan.co.kr/article/202508122006025#ENT